MANUAL DE PSICOLOGIA POSITIVA

FELICIDADE

- EMOÇÕES POSITIVAS
- RELACIONAMENTOS POSITIVOS
- MOTIVAÇÃO
- SENTIDO & SIGNIFICADO
- FLOW - ATENÇÃO & CONCENTRAÇÃO
- OTIMISMO & POSITIVIDADE
- AUTOEFICÁCIA
- ATITUDE & MINDSET
- GARRA & PERSISTÊNCIA
- REALIZAÇÃO PESSOAL
- AUTOCONFIANÇA
- BEM-ESTAR
- MINDFULNESS
- AUTOESTIMA
- SAÚDE EMOCIONAL
- FORÇAS E TALENTOS

TUDO O QUE VOCÊ PRECISA SABER SOBRE O MOVIMENTO QUE VEM MUDANDO A FORMA DE OLHAR O SER HUMANO, DESPERTANDO O MELHOR DAS PESSOAS E UNINDO:
CIÊNCIA, FELICIDADE E BEM-ESTAR

SÁLUA OMAIS

MANUAL DE PSICOLOGIA POSITIVA

- EMOÇÕES POSITIVAS
- RELACIONAMENTOS POSITIVOS
- MOTIVAÇÃO
- FORÇAS E TALENTOS
- SENTIDO & SIGNIFICADO
- SAÚDE EMOCIONAL
- FLOW ATENÇÃO & CONCENTRAÇÃO
- AUTOESTIMA
- **FELICIDADE**
- OTIMISMO & POSITIVIDADE
- MINDFULNESS
- AUTOEFICÁCIA
- BEM-ESTAR
- ATITUDE & MINDSET
- AUTOCONFIANÇA
- REALIZAÇÃO PESSOAL
- GARRA & PERSISTÊNCIA

TUDO O QUE VOCÊ PRECISA SABER SOBRE O MOVIMENTO QUE VEM MUDANDO A FORMA DE OLHAR O SER HUMANO, DESPERTANDO O MELHOR DAS PESSOAS E UNINDO:
CIÊNCIA, FELICIDADE E BEM-ESTAR

QUALYMARK

Copyright© 2018 by Sálua Omais

Todos os direitos desta edição reservados à Qualitymark Editora Ltda.
É proibida a duplicação ou reprodução deste volume, ou parte do
mesmo, sob qualquer meio, sem autorização expressa da Editora.

Direção Editorial	Produção Editorial
SAIDUL RAHMAN MAHOMED editor@qualitymark.com.br	EQUIPE QUALITYMARK

Capa	Editoração Eletrônica
SUELLEN BALTHAZAR	PS DESIGNER

CIP-Brasil. Catalogação-na-fonte
Sindicato Nacional dos Editores de Livros, RJ

O64m
v. 1

Omais, Sálua
    Manual de psicologia positiva : tudo o que você precisa saber sobre o movimento que vem mudando a forma de olhar o ser humano, despertando o melhor das pessoas e unindo: ciência, felicidade e bem-estar / Sálua Omais. – 1. ed. – Rio de Janeiro : Qualitymark Editora, 2018.
    176 p. : il. ; 23 cm.

Inclui bibliografia
ISBN 978-85-414-0334-4

1. Psicologia positiva. 2. Bem-estar. 3. Autorrealização (Psicologia). I. Título.

18-48760
    CDD: 158.1
    CDU: 159.947

2018
IMPRESSO NO BRASIL

Qualitymark Editora Ltda.
Rua José Augusto Rodrigues, 64 – sl. 101
Polo Cine e Vídeo – Jacarepaguá
CEP: 22275-047 – Rio de Janeiro – RJ

www.qualitymark.com.br
E-mail: quality@qualitymark.com.br
Tels.: (21) 3597-9055 / 3597-9056
Vendas: (21) 3296-7649

Agradecimentos

A Deus, por tudo...

Aos meus pais, pelo carinho, paciência, força e apoio incondicional.

Aos meus irmãos, Maruã e Samira, modelos de competência, esforço, afeto e seriedade.

A todos que contribuíram, direta ou indiretamente, para a concretização dessa obra e para o conhecimento que adquiri ao longo dos anos.

Aos livros, eternos companheiros de vida e fonte diária de energia e motivação.

A explicação mais completa e sucinta da Psicologia e da Felicidade Humana:

"Deus jamais mudará as condições que concedeu a um povo, a menos que este mude o que tem em seu íntimo" (Alcorão 13:11).

Sumário

Agradecimentos V

Prefácio XIII

Capítulo 1 Um Pouco da História da Psicologia Positiva 1

Capítulo 2 Felicidade Humana 9
   A Felicidade nos Tempos Antigos................................. 10
   Hedonia x Eudaimonia 11
   Felicidade x Euforia 15
   Felicidade "Neutra" 17
   Crenças sobre a Felicidade 19
   Felicidade e Relacionamentos 22
   Felicidade e Dinheiro 23
   Felicidade e as Comparações Sociais 26

Capítulo 3 Pilares Básicos da Psicologia Positiva 29

Capítulo 4 Emoções Positivas 33
   O Cérebro e a Negatividade 37
   A Memória e o Circuito Neurofisiológico das Emoções 39
   Teoria do Ampliar e Construir e a Espiral Ascendente Positiva 42
   Emoções Negativas e a Espiral Descendente 45

Emoções Positivas e Resiliência 47
Cultivando Experiências e Emoções Positivas 50
Positividade e Inteligência Emocional 52
O Efeito da Positividade no Meio Social e Cultural 54
Emoções Positvas X Emoções Negativas................................... 56
Benefícios da Positividade... 57

Capítulo 5 Relacionamentos Positivos.. 61
Relacionamentos Positivos e a Ocitocina 66
Amizades Positivas 68

Capítulo 6 Engajamento... 71
Forças de Caráter 72
Consciência, Autonomia e Autocontrole 87
Escolhas que Determinam a Nossa Atenção 89
A Atenção e o Estado de Fluxo (*flow*) 90
Benefícios do *Flow*.. 91
Características Básicas do Estado de Fluxo 93

Capítulo 7 Significado 97
A Importância do Propósito 99
O Significado no Trabalho.. 101
Significado, Propósito e a Motivação Humana 104
Como Criamos os Nossos Significados 107
Trabalho, Carreira ou Chamado? 115

Capítulo 8 Realização 119
Realização e Autorrealização 122
Savoring 124
O Caminho da Realização 125
  Motivação + Metas + Garra + *Mindset* de Crescimento 125
Otimismo 128
A Autoeficácia 130

Garra 130
Mindset (Mentalidade) 134

Capítulo 9 Mindfulness 137
Excesso de Pensamentos – Caos, Distração e Estresse 138
Elementos Básicos do *Mindfulness* 141
Benefícios do *Mindfulness* 143
Programas de *Mindfulness* 144

Capítulo 10 E Como Ficam as Emoções Negativas? 149

Referências Bibliográficas 155

Prefácio

A Psicologia, acredito eu, é uma das áreas do conhecimento mais apaixonantes. Por onde ando, sempre que digo a alguém que sou Psicóloga, vejo um brilho imediato no olhar das pessoas seguido de um suspiro e da seguinte frase: "Puxa, eu gostaria tanto de estudar Psicologia. Acho tão interessante!". Pois é, um dia eu também suspirei dessa forma, e, após alguns anos, fui buscar esse conhecimento no mundo acadêmico. A Psicologia, na verdade, por por alguns motivos, acabou sendo minha terceira graduação acadêmica, seguida de outras formações que fiz em Odontologia e Direito. Sem dúvida, é a área que mais me atrai e me estimula a pensar, a pesquisar e a refletir. Ela se diferencia por ser algo que aplicamos tanto em nossa vida pessoal como no âmbito profissional. No entanto, mesmo após graduada, bem como após o término do meu Mestrado em Saúde Mental e Psicologia da Saúde, ainda sentia uma certa frustração com a Ciência Psicológica, da maneira como me foi apresentada na Universidade. Parecia que a Psicologia que eu tanto busquei, ainda não tinha sido encontrada. Era como se algo estivesse incompleto.

Ao longo dos anos, a ciência psicológica acabou se perdendo em meio a doenças, distúrbios e patologias, esquecendo-se do fato que as pessoas "mentalmente normais" também precisam dela! Apesar de não estarem doentes, existem hoje milhões de pessoas no mundo que gostariam de viver melhor, trabalhar melhor, relacionar-se com as pessoas de forma melhor, ter mais motivação, disposição e satisfação em suas vidas. Durante a faculdade aprendi como se originam os distúrbios e transtornos mentais e psíquicos, a anatomia e fisiologia do cérebro humano e de todo o sistema nervoso, o nome das principais doenças mentais, técnicas de aplicação de testes psicológicos, os tipos mais clássicos de psicoterapias (que eram basicamente três opções, apenas), as causas de comportamentos disfuncionais oriundos da infância, o desenvolvimento humano desde o nascimento até a fase adulta e a terceira idade, entre outros. Mas não aprendi sobre as qualidades humanas, os talentos, as forças, como motivar e potencializar seres humanos a usarem o melhor de seus recursos pessoais para se tornarem pessoas melhores, mais produtivas, bem como fazer com que as pessoas tenham uma vida com menos tédio e sofrimento! Resumindo: eu não aprendi o que faz uma pessoa ser feliz e satisfeita com a vida que tem!

Assim como muitos psicólogos tradicionais, eu tinha uma certa resistência em fazer alguns cursos diferentes, por acreditar que todas as metodologias que não fossem validadas pelo Conselho Profissional de Psicologia seriam práticas ineficazes ou até mesmo charlatanismo, e por isso, preferi ficar na zona de conforto das técnicas tradicionais universitárias ao invés de arriscar algo novo e "fora da caixinha" da Psicologia formal. Infelizmente, pensar dessa forma estimula a adoção de uma visão muito fechada dentro da Psicologia – justamente na profissão que deveria ter a forma mais aberta de pensar –, já que o mundo do conhecimento é infinito, e lidar com o ser humano requer um repertório mais amplo ainda de recursos e opções, tendo em vista que cada um pensa e responde de maneira diferente, sendo necessário que o profissional tenha a mente aberta para novas possibilidades, além de uma diversidade de ferramentas e técnicas que possibilitem o alcance de resultados mais satisfatórios para o seu cliente.

Coincidência ou não, há alguns anos, muito antes do meu contato com a Psicologia Positiva, ganhei de presente de aniversário, de minha irmã, um livro que era lançamento nas livrarias, e que parecia até ser ironia do destino. O nome do livro? *Felicidade Autêntica*, de Martin Seligman! Como ainda não sabia do que se tratava, achei que aquele seria simplesmente mais um livro de autoajuda que iria fazer parte da minha prateleira – ao contrário de muitos profissionais, eu não tenho nenhum preconceito contra livros de autoajuda, e mesmo com uma formação acadêmica tradicional, até porque todo livro tem algo novo a nos ensinar, assim como cada pessoa tem sua própria sabedoria de vida, o que pode inspirar outras pessoas, também.

Alguns anos se passaram, até que eu tive contato com o *Coaching*. Gostei tanto da metodologia que fiz sete formações, com linhas e enfoques diferentes. Durante esse período, comecei a conhecer um pouco da Psicologia Positiva, por meio de vídeos e de alguns livros e, logo após um breve período, tive a oportunidade de participar de uma série de cursos nacionais e internacionais sobre essa temática e conhecê-la mais a fundo.

Hoje, após a realização de uma série de formações em Psicologia Positiva ao longo dos últimos anos, vejo a necessidade de disseminar esse conteúdo um pouco mais. E certamente a recompensa de escrever este livro é dupla, pois ao mesmo tempo que busco trazer as melhores informações sobre cada tópico para o leitor, com base em referências bibliográficas internacionais, tenho, com isso, a oportunidade de adquirir um conhecimento infinitamente maior e mais profundo, que me proporciona uma verdadeira "chuva" de ideias e reflexões pessoais.

De forma sucinta, a ideia de escrever este livro partiu de três fatores: de uma admiração, de uma necessidade e de uma missão.

Admiração, sobretudo ao ver a coragem do maior representante atual da Psicologia Positiva, Martin Seligman, junto a seus colaboradores, liderando um movimento que busca não apenas trazer uma nova teoria para explicar o comportamento humano e o bem-estar, contrariando a tradicional Ciência da Psicologia, mas também para explicar explicar os transtornos psíquicos de formas diferentes, e intervir, desde a prevenção até o tratamento dos distúrbios mentais, maximizando o bem-estar e a saúde, ao invés de simplesmente reduzir o sofrimento humano. A ***necessidade*** do livro refere-se ao fato de que a literatura sobre Psicologia Positiva no Brasil ainda é muito exígua, sendo que a maioria das pesquisas e obras dessa área estão no idioma inglês, o que dificulta o acesso das pessoas a esse conhecimento fantástico. Soma-se a isso o fato de que são poucos os livros que apresentam a Psicologia Positiva estruturada de forma didática, abordando seus pilares fundamentais de forma sequencial e ordenada, com o embasamento teórico dos grandes nomes que a sustentaram desde o início. E, finalmente, a ***missão*** que me inspira a escrever este livro deve-se ao fato de que me senti na obrigação de compartilhar todo o aprendizado que pude agregar ao longo desses anos, aliando a minha formação acadêmica tradicional, o Mestrado e todas as outras formações nacionais e internacionais que tive a oportunidade de realizar, tanto na área do *Coaching* como da Psicologia Positiva e de outras áreas afins. Acredito que aqueles que têm a oportunidade de absorver o conhecimento, buscando-o de várias fontes, sobretudo das originais, têm a missão de reverter isso à sociedade da melhor forma possível, com responsabilidade e seriedade, a fim de que outras pessoas possam desfrutar desse imenso bem que é o "saber".

Capítulo 1

Um Pouco da História da Psicologia Positiva

A Psicologia, de modo geral, sempre foi e será uma ciência com uma área enorme a ser explorada, levando em consideração que o seu objeto de estudo é a mente e o comportamento humano, bem como as variações desses dois elementos dentro das mais diversas culturas e sociedades, somados ainda à influência de eventos novos que surgem a cada dia, desde os negativos, como tragédias e catástrofes, até eventos positivos, como a descoberta de novas tecnologias, que acabam mudando o tempo todo a forma de pensar e agir das pessoas.

Desde a Segunda Guerra Mundial, em razão das inúmeras perdas humanas e da necessidade que surgiu em decorrência do transtorno ao qual militares, veteranos de guerra e suas famílias, bem como diversas pessoas afetadas direta ou indiretamente pela guerra foram submetidos, a Psicologia, como Ciência, passou a investir toda a sua atenção no diagnóstico e tratamento de doenças, transtornos e desordens mentais e emocionais. Em razão disso, houve um grande desenvolvimento e pesquisas ligadas à patologia, mas muito pouco avanço nas questões ligadas ao desenvolvimento e potencialidades humanas.

No entanto, apesar da importância de se conhecer mais profundamente os distúrbios mentais, a Psicologia acabou mergulhando apenas na parte negativa e obscura da mente, naquilo que está ruim, o que acabou afastando-a do lado mais brilhante e positivo do ser humano, e de todos os fatores que contribuem para que ele desperte seus potenciais.

Além disso, grande parte das teorias psicológicas da época acabaram tendo um foco mais no negativo, na dor, na deficiência, no problema, colocando o ser humano em uma posição muito mais de vitimização do que de autonomia, deixando de desenvolver intervenções que pudessem ajudá-lo a fortalecer seus talentos naturais, suas forças e uma vida com mais sentido, que promovesse a felicidade de forma mais duradoura.

Surge em seguida uma nova abordagem na Psicologia, o *behaviorismo*, trazendo os conceitos de condicionamento, punição, recompensa, influência do ambiente, entre outros fatores, que estariam diretamente ligados ao comportamento humano. No entanto, a crítica à teoria era que a mudança de comportamento, nesse caso, estaria mais ligada a fatores externos do que internos do ser humano.

Alguns anos depois, teorias humanistas representadas por grandes nomes da Psicologia, como Abraham Maslow, Carl Rogers e Erich Fromm, tentam resgatar e trazer à tona a importância de se estudar os fatores responsáveis pela motivação humana, pela busca da autorrealização e de uma vida com mais significado, em uma dimensão mais holística. O termo "psicologia positiva" teve origem no ano de 1954, por Abraham Maslow, em seu livro *Motivação e Personalidade*, surgindo diante das limitações do modelo médico em responder questões ligadas às aspirações, virtudes e necessidade do ser humano de crescer e buscar mais sentido e significado para a sua vida, o que foi de grande contribuição para a formação dos primeiros conceitos da Psicologia Positiva. Uma das críticas de Maslow em relação à Psicologia tradicional era justamente o fato de ela ainda não ter dedicado a importância necessária ao potencial humano, ficando mais restrita às limitações humanas e aos padrões ligados à doença e às disfunções mentais.

Não satisfeito com o enfoque excessivo na doença, Martin Seligman, psicólogo americano e ex-presidente da Associação Americana de Psicologia, percebeu que a ciência psicológica havia negligenciado duas de suas três missões antes da Segunda Guerra Mundial: ajudar as pessoas a levar vidas mais produtivas e satisfatórias, bem como identificar e nutrir talentos humanos. Ele revela que a Psicologia tradicional se tornou a psicologia das vítimas, das emoções negativas, da tragédia, dos problemas e da alienação, enquanto a Psicologia Positiva adotou uma postura em que os indivíduos se tornam mais responsáveis por suas ações e suas escolhas, ao invés de colocar a culpa nas pessoas ou nas circunstâncias. O trecho a seguir reflete, de modo contundente, a diferença entre as duas abordagens:

> "...os seres humanos são frequentemente – talvez mais do que frequentemente – movidos pelo futuro em vez de conduzidos pelo passado, e por isso a ciência que avalia e produz expectativas, planejamentos e escolhas conscientes será mais potente que a ciência dos hábitos, das motivações e circunstâncias. O fato de sermos movidos pelo futuro em vez de apenas conduzidos pelo passado é extremamente importante e diretamente contrário à herança da ciência social e à história da psicologia. É, no entanto, uma premissa básica e implícita da psicologia positiva" (Martin Seligman).[1]

A Psicologia Positiva enfatiza e estimula dois elementos básicos para o progresso do ser humano: **responsabilidade** e **livre-arbítrio**. Ao fazer isso, a pessoa torna-se mais responsável pelo seu próprio destino, colo-

---
[1] (Seligman M. E., 2011)

cando-se em uma posição mais ativa. Já o contrário, em algumas teorias psicológicas tradicionais, faz com que o cliente, ao colocar a culpa na infância, nos pais, na doença, na pobreza ou sobre outras circunstâncias difíceis da vida, acabe adotando uma postura passiva, de forma que sua responsabilidade é minimizada, reduzindo também a vontade e a esperança de mudar, à medida que ele passa a acreditar que sua vida não tem mais jeito, pois seu destino já está traçado.

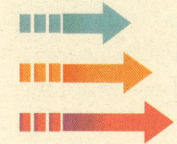

> A Psicologia Positiva enfatiza e estimula dois elementos básicos para o progresso do ser humano: Responsabilidade e Livre-arbítrio. Ao fazer isso, a pessoa torna-se mais responsável pelo seu próprio destino.

Seligman, na verdade, provocou uma reflexão profunda, mostrando que a Psicologia, na forma como está hoje, ainda é uma ciência pela metade, já que seu foco está apenas naquilo que está ruim ou errado nas pessoas. Para se ter uma ideia, no ano de 1998, na área científica, para cada pesquisa ligada à felicidade ou ao bem-estar, havia cerca de 17 estudos sobre transtornos psicológicos, o que demonstra o quanto a doença se tornou o foco maior na psicologia[2]. Se formos analisar, a maioria da população é mentalmente saudável (ainda), mas isso não quer dizer que esteja vivendo tão bem e fazendo o seu melhor, logo, fica o grande questionamento da Psicologia Positiva: o que a Psicologia tem a oferecer à grande massa de pessoas que hoje vive com suas famílias, trabalha normalmente e não sofre de desordens mentais ou psíquicas? Como ficam esses milhões de indivíduos que, sob o aspecto mental, não estão doentes, mas que, do ponto de vista emocional, psíquico e funcional, não estão vivendo a vida que realmente gostariam? Pessoas que têm um potencial enorme dentro de si, mas que não sabem utilizar adequadamente, ou por algum motivo, não estão motivadas o suficiente para agir.

Infelizmente, para que seja possível mudar o foco de uma ciência para um novo paradigma, para uma nova visão, diferente daquela que os profissionais já estão há tanto tempo habituados, é necessário que haja uma série de trabalhos, evidências científicas, prêmios e pessoas dispostas a apoiar essa mudança. Em razão disso, Seligman passou a fazer um esforço para arrecadar recursos a fim de investir nesse novo movimento e favorecer a pesquisa, bem como fazer alianças e parcerias com colegas

---

[2] (Achor, 2012)

da área que também tinham interesse em contribuir para o crescimento e divulgação. Isso se iniciou em janeiro de 1998, na cidade de Akumal, com a reunião de Seligman, Csikszentmihalyi e Ray Fowler, e, a partir de então, não parou mais.

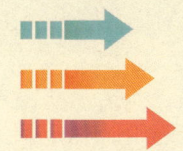

> Se formos analisar, a maioria da população é mentalmente saudável (ainda), mas isso não quer dizer que as pessoas estejam vivendo tão bem e fazendo o seu melhor.

No ano de 1998, ao ser empossado presidente da Associação Americana de Psicologia (APA), Seligman assume o papel de disseminar a importância do estudo e pesquisa na Psicologia Positiva, determinado a trazer para a ciência psicológica um foco mais positivo em vez da doença: investigar os fatores que promovem o bem-estar e a felicidade humana.

A partir de sua pesquisa sobre o desamparo aprendido, ele mostrou a importância do otimismo para o ser humano, e, posteriormente, publicou sua primeira teoria ligada à felicidade, a obra *Felicidade Autêntica*. Algum tempo depois, ao perceber algumas falhas na teoria, desenvolveu a teoria que chamou de PERMA, formada pelos cinco pilares principais ligados ao bem-estar humano: emoções positivas, engajamento, relacionamentos positivos, sentido e realização.

Ao longo dos anos e após diversos encontros com psicólogos e pesquisadores, Seligman buscou unir esforços com os principais líderes ligados à área, como Mihaly Csikszentmihalyi, Ed Diener, Christopher Peterson, entre outros, criando um Comitê Diretor de Psicologia Positiva, cujo marco foi a publicação de um artigo em revista especializada. Em 2002, realizou-se a Primeira Conferência de Psicologia Positiva, e no ano de 2009 acontece o Primeiro Congresso Internacional de Psicologia Positiva. Em 2003 foi aberto o primeiro curso de Psicologia Positiva, na Universidade de Harvard, e tempos depois, na cidade de *Pennsylvania* (EUA), um centro pioneiro de pesquisas na área, onde foi realizado um Programa de Mestrado específico em Psicologia Positiva. Observa-se, a partir disso, o quão recente a Psicologia Positiva ainda é e o quanto ainda há a se descobrir dentro desse campo.

É importante salientar que a Psicologia Positiva não se resume apenas às contribuições de Martin Seligman, mas a diversos outros grandes pesquisadores de grande renome internacional, e também responsáveis pelo nascimento e solidificação desse movimento. Christopher Peterson, psicólogo americano, junto a Martin Seligman, foi o coautor da extensa pesquisa realizada e que culminou no teste *Values in Action* (VIA) e no *Manual de Forças de Caráter e Virtudes*, livro elaborado por ambos e que acabou sendo um marco dentro do campo da Psicologia, representando a versão positiva do Manual Diagnóstico e Estatístico de Distúrbios Mentais (DSM).

Mihaly Csikszentmihalyi, pesquisador de origem húngara, também teve grande importância ao criar o termo *flow*, explicando o que faz pessoas terem um nível de envolvimento tão grande em atividades ao mesmo tempo desafiantes e prazerosas, a ponto de estarem totalmente absorvidas por isso.

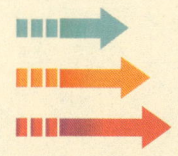

> É importante salientar que a Psicologia Positiva não se resume apenas às contribuições de Martin Seligman, mas a diversos outros grandes pesquisadores de grande renome internacional, e também responsáveis pelo nascimento e solidificação desse movimento.

Donald Clifton, que foi homenageado pela APA como o pai da Psicologia baseada nas forças e avô da Psicologia Positiva, teve contribuição enorme, sobretudo na aplicação dessa abordagem dentro das organizações, com o estudo que criou, *Clifton Strengthsfinder®*, um teste que ajuda pessoas a descobrirem seus talentos e pontos fortes. Outro autor importante também, Ed Diener, que faz parte das organizações Gallup assim como seu pai, Robert Biswas-Diener, os quais pesquisaram a influência de fatores como cultura e renda no bem-estar subjetivo das pessoas, criando também métodos de medição dos níveis de felicidade.

Outra psicóloga de renome internacional e que já recebeu inúmeros prêmios pelas suas pesquisas, Barbara Fredrickson, teve grande contribuição quando se aprofundou na temática das emoções positivas aliando-a à teoria da construção e ampliação (ou teoria do construir e ampliar), propondo a ideia de que a positividade, quando presente, ajuda a ampliar a mente das pessoas para a criação de novos recursos e soluções, ao contrário das emoções negativas, que limitam o campo de possibilidades. Com ela, mais especificamente na temática da felicidade humana, Sonja Lyubomirsky também realizou uma pesquisa intensa desmistificando conceitos errados que muitas pessoas têm sobre a felicidade, desenvolvendo, de forma profunda, estudos sobre a adaptação hedônica com relação a fatores como a renda, o tipo de trabalho, o relacionamentos, entre outros.

Além dos autores acima, outros nomes, como Carol Dweck, Angela Duckworth, Tal Ben-Shahar, Snyder & Lopez, Kim Cameron, Marcus Buckingham, Tom Rath, Alex Linley, Shawn Achor, Jon Haidt são apenas uma lista simbólica dos grandes nomes que ajudaram a criar, aprofundar e ampliar os estudos e o conhecimento da Psicologia Positiva como a conhecemos hoje.

Capítulo 2

Felicidade Humana

A Felicidade nos Tempos Antigos

A ideia da Psicologia Positiva em buscar compreender melhor o que faz as pessoas serem mais felizes não é algo novo. A felicidade, nos tempos mais antigos, desde os pensadores e filósofos gregos até as grandes religiões e doutrinas, era algo ligado às virtudes humanas, à prática do bem e ao pressuposto de que, para que o homem fosse um ser "bom", era preciso que ele utilizasse e aplicasse essas virtudes no seu dia a dia.

Aristóteles já falava que o fim último do ser humano é ser feliz, e nesse ponto existe uma grande semelhança com o conceito de felicidade pregado pela Psicologia Positiva, pois o conceito de felicidade pregado por ele não era algo simplório, mas sim a busca de algo mais significativo e duradouro. Para Epicuro, filósofo também conhecido por suas reflexões sobre o tema, o que gera infelicidade é, muitas vezes, a expectativa de algo que as pessoas incutem em si e imaginam como sendo a fonte eterna da felicidade. Segundo ele, a felicidade verdadeira está ligada à moderação dos prazeres, à libertação do medo, e ao domínio da mente sobre as emoções. Assim, alguns dos ingredientes da felicidade seriam a liberdade, a amizade e o tempo para filosofar e refletir. Uma vida em que as pessoas possam ter amigos como companheiros permanentes, ter liberdade e tempo para refletir sobre si mesmas. Ter tempo para pensar no que você faz, no "porquê" você faz as coisas, no "como" você faz e saber realmente "o que" você quer, seriam, para Epicuro, formas de libertação pessoal.

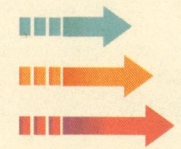

> A partir do momento em que as pessoas se conhecem profundamente e descobrem o que realmente elas querem, o que elas gostam e como elas se comportam, muitas mudanças internas (e externas) começam a acontecer.

Na verdade, se fizermos uma analogia com o mundo de hoje, esse tempo para "autorreflexão" é o que chamamos de autoconhecimento, uma das melhores formas das pessoas realmente se sentirem livres e bem consigo mesmas. Hoje, o tempo é o bem mais caro que existe, e somente a partir do momento em que as pessoas se conhecem profundamente e descobrem o que realmente elas querem, o que elas gostam e como elas se comportam, muitas mudanças internas (e externas) começam a acontecer.

Depois da fase filosófica, e com a presença mais forte da religião, o ser humano começou a delegar a missão de ser merecedor da felicidade unicamente a Deus, e a partir desse raciocínio, não haveria mais porque o homem se preocupar em correr atrás da felicidade, já que o destino se encarregaria de tudo. Seguindo essa linha de pensamento, o ser humano estaria focado, durante a vida, na prática do bem, mas a felicidade maior só poderia ser alcançada após a morte. A partir do momento em que houve a separação entre ciência e religião, criou-se a necessidade de investigar quais seriam realmente os fatores que permitiriam ao ser humano alcançar um bem-estar físico e emocional, e foi com base nessa questão, que as teorias humanistas e, após alguns anos, a psicologia positiva, passaram a investir seus esforços.

Hedonia x Eudaimonia

De acordo com a filosofia antiga, existem dois tipos de felicidade: hedônica e eudaimônica. A felicidade hedônica vem da busca do prazer imediato e da redução do sofrimento e da dor, enquanto a felicidade eudaimônica seria uma felicidade mais duradoura, que vem da busca do bem e da moral, de uma vida mais plena e significativa e de uma seleção dos desejos a serem realizados. Na primeira, busca-se cada vez mais e mais a gratificação externa e instantânea, e com isso, não existe saciação nunca, pois sempre se quer mais e mais, infinitamente. É o que a literatura chama de *adaptação hedônica*, um fenômeno que ocorre quando se busca muito o prazer, porém, ao alcançar o objeto desejado, a pessoa acostuma-se com aquilo tão rapidamente que, após um breve período, passa a não achar mais graça naquele objeto, e começa a querer outra coisa, ou então, uma quantidade maior de algo.

FELICIDADE HEDÔNICA
- Busca pela gratificação imediata, felicidade mais fugaz
- Ex: bens materiais, comida, bebida, status, poder, dinheiro, fama.

FELICIDADE EUDAIMÔNICA
- Busca por uma vida significativa, uma felicidade mais duradoura
- Ex: realizações pessoais, família, contribuição social, espiritualidade

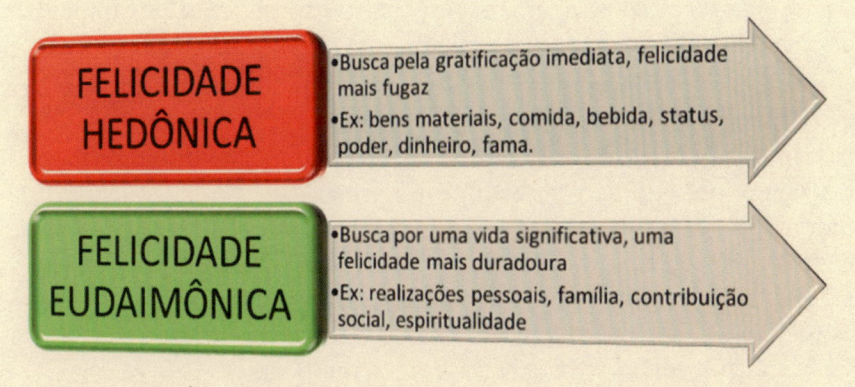

Figura 1 - Felicidade hedônica x Felicidade eudaimônica

É isso o que acontece algumas vezes, com filhos de pessoas milionárias que, sem perceber, perdem fortunas e ficam endividados em pouco tempo, de forma inexplicável. São dois fatores que acontecem: primeiro, a falta de um significado real do dinheiro (inconsciente), o qual não representa o resultado de uma realização, de um esforço, mas apenas um objeto para se alcançar outros tipos de felicidades; e segundo, a busca do prazer imediato, que nunca é saciado, tornando a pessoa uma escrava ao buscar níveis cada vez maiores de satisfação, assim como ocorre na drogadição, em que a pessoa busca doses cada vez maiores de droga ou álcool para atingir os mesmo níveis de saciação que tinha antes.

Isso acontece com as pessoas diariamente. A felicidade que se busca no casamento, no emprego novo, na casa nova, no celular novo, nem sempre é satisfeita plenamente. Em todas essas situações as pessoas passam pela adaptação hedônica, e rapidamente perdem o gostinho da felicidade que existia no começo.

Mulheres entendem muito bem isso. Ao comprar uma roupa ou um sapato novo, que desejamos por muito tempo, passada a fase de "encantamento", aquilo se torna mais uma peça comum em nossos armários, deixando de ter aquele mesmo efeito de felicidade que existia antes de comprá-lo. Homens também passam por essa sensação, o que muda é apenas o objeto desejado! Ao pensar em um carro bacana, eles depositam todo um desejo de felicidade naquele objeto, ampliando sua autoimagem no futuro, como se aquilo pudesse torná-los, de alguma forma, mais atraentes, mais respeitados no meio social, ou mais cobiçados. O mesmo ocorre quando imaginamos um emprego dos sonhos, projetando diversas expectativas no futuro, quando, na verdade, ao conseguirmos aquele emprego, após alguns meses, tudo se torna igual novamente, a mesma rotina, as mesmas insatisfações.

Quantas vezes compramos algo especial para comer, e ficamos felizes e saciados no momento, mas algum tempo depois, enjoamos do sabor, e passamos a querer comer algo diferente, tornando aquele alimento mais um item esquecido na geladeira ou no armário. Enfim, a conclusão de tudo isso é que a primeira vez sempre vai ser diferente das outras vezes e nada do que fazemos na vida vai nos dar uma sensação **exatamente igual** à primeira (isso quando estamos falando de um mesmo objeto). Por isso as pessoas buscam o tempo todo sensações e emoções novas, que podem ser tanto com coisas, experiências, como com pessoas.

A indústria em geral, sobretudo no ramo de alimentação, busca constantemente mudar a aparência dos rótulos de seus produtos, ou insere novos sabores, a fim de gerar o estímulo da "novidade" entre os consumidores, para que eles consumam mais e mais. Padarias, lanchonetes, confeitarias, entre outros, quando deixam de inovar e trazer itens diferentes ou novos sabores, acabam perdendo clientes com o tempo e tendo sérios prejuízos. Por que hoje se fala tanto em "inovação"? Além de ser uma forma de fazer o negócio crescer e ser mais competitivo no mercado, a inovação também tem como intuito, trazer o aspecto da "novidade" para o consumidor, mesmo que aquilo não seja algo novo, mas simplesmente tenha uma "cara nova" ou um pequeno detalhe a mais, que faça a diferença.

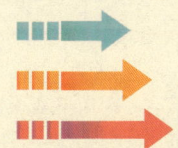

> Cada vez mais, no mundo moderno, com uma geração que busca o imediatismo e o consumismo em altas proporções, as pessoas tendem a enjoar mais rápido de tudo o que têm.

Coisas diferentes vendem mais. O ser humano não gosta de rotina e da mesmice, e cada vez mais, no mundo moderno, com uma geração que busca o imediatismo e o consumismo em altas proporções, as pessoas tendem a enjoar mais rápido de tudo o que têm, e querer algo novo, desde a comida que comem até as roupas que vestem, o celular ou o carro que usam, mesmo quando se encontram em ótimo estado.

O problema é que esse fenômeno hedonista não acontece apenas com objetos, mas também com pessoas. Quantos relacionamentos se iniciam por causa da beleza, ou de outros atrativos e que, após algum tempo, deixam de ter sentido? Muitas pessoas buscam parceiros atraentes, bonitos, em boa forma física e, após algum tempo, já começam a achar o relacionamento entediante. Quantas pessoas, hoje, trocam de parceiros de forma frequente, em busca de altas expectativas geradas cultural ou socialmente, ou ainda, em busca de alguma gratificação mais imediata, e ao final, não conseguem realmente se sentir felizes? A pergunta que fica é: será que o problema é o parceiro (a), que realmente frustrou as expectativas, ou será que o problema é a parceira (o), que acabou criando expectativas irreais sobre a pessoa ao seu lado, e o futuro relacionamento?

Temos ainda os exemplos de pessoas que também estão sempre mudando de emprego, na expectativa de encontrar o trabalho ideal, e nunca encontram. Alguns não sabem o que querem, o que gostam, enquanto outros sabem, mas acreditam que os outros empregos são sempre melhores do que o dele. Muitos desses eventos poderiam ser evitados a partir de uma nova forma de interpretar a felicidade, fazendo com que as pessoas compreendam o que realmente traz a satisfação duradoura a fim de que descubram, realmente, o que buscam da vida. As pessoas hoje estão muito confusas, desfocadas e inseguras, e uma das razões para isso é a falta de tempo, de foco, e a busca desenfreada da felicidade em coisas imediatas ou em padrões sociais, resultando quase sempre em uma frustração.

A felicidade, no seu sentido mais profundo, é uma questão de escolha. E essa escolha será baseada nos significados subjetivos e nas crenças pessoais que cada pessoa desenvolve ao longo da vida em relação ao que é ser feliz. Isso exige um autoconhecimento profundo. A felicidade não é apenas estar sorrindo o tempo todo, mas sim descobrir a sua própria essência, seu "eu autêntico", e o que faz sentido em sua vida e não na vida dos outros, sem precisar obedecer aos padrões impostos pela mídia ou pela sociedade.

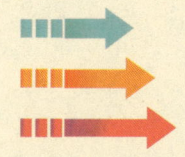

> A felicidade não é apenas estar sorrindo o tempo todo, mas sim descobrir a sua própria essência, seu "eu autêntico".

Daniel Kahneman, psicólogo ganhador do prêmio Nobel de economia, foi premiado justamente pela forma como explicou o papel das emoções na tomada de decisão das pessoas. Segundo ele, as pessoas erram muito quando tomam decisões de compra, pois em virtude da imaginação ampliada, acabam exagerando nos efeitos que determinado bem pode lhe trazer no futuro, ocorrendo uma "ilusão de foco". Em virtude disso, a pessoa coloca uma importância no objeto muito maior do que ele realmente tem, esquecendo-se de avaliar as desvantagens que aquilo pode trazer. Isso faz com que ela compre por impulso, pela emoção, e não pela razão. É a chamada previsão afetiva.

A felicidade é o item mais explorado pelas propagandas para vender produtos. A publicidade confunde as pessoas sobre o que elas realmente querem e precisam para ser feliz, e isso, por sua vez, influencia muito o poder de decisão. A felicidade é a maior aliada do comércio, e hoje ela tem sua imagem utilizada não apenas em produtos físicos, mas também associada a instituições como a educação, a saúde. A mídia tem uma influência significativa nas crenças sobre a felicidade, pois o tempo todo somos ensinados, por meio de novelas e filmes, desde jovens, que a felicidade está ligada a um relacionamento amoroso, à beleza, à riqueza, às viagens, ao luxo ou às bebidas.

Vestuário, alimentos, bebidas, viagens, imóveis estão sempre ligados a imagens de pessoas felizes. Jamais vemos um comercial vendendo algo associado ao esforço, à dificuldade ou à tristeza, mas sim ao prazer imediato, a uma vida fácil, sem contas para pagar, sem fracassos e sem esforços. Quando vemos anúncios de vendas de apartamentos, as imagens são sempre as mesmas: uma família inteira feliz. Não se inclui no anúncio todo o estresse de uma reforma, da mudança de endereço, das prestações e impostos a pagar.

Infelizmente, as pessoas buscam a felicidade mais fugaz, mais curta, enquanto a felicidade mais duradoura é justamente aquela que resulta das atividades nas quais mais nos desempenhamos e despendemos energia. Como diz o ditado, "Tudo que vem fácil, vai embora fácil", e isso corrobora o motivo pelo qual experiências prazerosas acabam tão rápido e não ficam tão vivas na memória com o passar dos anos, como acontece com as experiências mais gratificantes ligadas às grandes realizações da vida, como filhos, estudos, trabalho etc.

Felicidade x Euforia

De acordo com Paul Dolan, a chave do bem-estar é o equilíbrio entre propósito e prazer. Pessoas que têm uma vida regida apenas pelo prazer, tornam-na vazia, sem significado e infeliz. Por isso, a Psicologia Positiva traz uma teoria que ensina que alcançar a felicidade não é algo que ganhamos em um dia, mas algo que construímos ao longo do tempo, uma atitude.

Para começar, a palavra felicidade já é um desafio a ser definida, por si só. Geralmente associamos a felicidade à imagem de uma pessoa sorrindo, satisfeita e cheia de energia. Mas por ser uma emoção subjetiva, a felicidade pode ser interpretada de diversas maneiras. Segundo alguns autores[3], existe um nível ótimo de felicidade, um patamar ideal que seria uma sensação de satisfação básica, de estar bem, algo agradável, que nos faz sentir bem de forma simples, sem exageros, o que é muito diferente

---

[3] (Biwas-Diener & Dean, 2007)

dos extremos da felicidade, onde existe a tristeza de um lado, e a euforia, ou o êxtase, de outro.

Aqui está um segredo que considero fundamental para definir se uma pessoa realmente será capaz de obter a sensação verdadeira de felicidade ou não. A grande maioria das pessoas associa felicidade à euforia, uma sensação de alegria extrema, que tem um efeito rápido e temporário, o qual dura muito pouco e que, ao acabar, leva a pessoa justamente para o extremo oposto da emoção, ou seja, para a sensação de tristeza, de vazio interno. É isso que muitos sentem após uma comemoração familiar ou com amigos, após uma formatura, após um casamento, após festas de final de ano, após receber um prêmio etc.

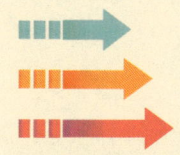

> A grande maioria das pessoas associa felicidade à euforia, uma sensação de alegria extrema, que tem um efeito rápido e temporário, o qual dura muito pouco.

A felicidade eufórica, que é buscada por muitos, acaba sendo colocada mentalmente a níveis absurdamente altos, de forma que a grande maioria das pessoas não consegue alcançar, gerando-se um alto índice de infelicidade e frustração, ainda mais se levarmos em conta que grande parte da nossa vida é composta pelas responsabilidades diárias, pela rotina do trabalho, pelos desafios, e não apenas por festas e "oba-oba". Resumindo: ser feliz é muito mais do que uma idolatria emocional ou o foco só no prazer imediato.

A euforia é a forma mais fugaz de felicidade, e os efeitos que ela deixa quando termina são negativos, não apenas em razão do estado psicológico e emocional residual, mas devido aos próprios efeitos fisiológicos da emoção do nosso corpo, já que as endorfinas e outras substâncias endógenas atingem um pico máximo quando estamos diante desses eventos, produzindo uma sensação de extrema alegria e êxtase, que cai bruscamente quando o evento termina.

Essa busca constante por mudança, por algo novo e diferente, aliada ao fenômeno da *adaptação hedônica* já explicado anteriormente, também é um dos fatores que influencia a compulsão. A compulsão por compras é um exemplo, tendo em vista o modo como a pessoa compulsiva busca o tempo todo um **micromomento** de felicidade, seja ao adquirir uma roupa, um sapato, um carro ou qualquer outro objeto de desejo que a faça se sentir mais bonita ou importante, e consequentemente, mais satisfeita e feliz. O ser humano é um eterno insatisfeito, pois quando consegue algo, já começa a pensar em algo melhor que poderia ter alcançado, ou então se arrepende por algo que perdeu.

Pessoas que buscam permanentemente vivenciar apenas o bom da vida, ou seja, experiências e situações que proporcionem um nível exacerbado de alegria e diversão, têm um risco maior de passar por estados frequentes de frustração e desapontamento, pois suas expectativas acabam sendo altas demais, e a vida não é feita apenas de momentos maravilhosos, mas de "altos e baixos".

Felicidade "Neutra"

De acordo com alguns pesquisadores, a maioria das pessoas do mundo são felizes sim, mas não são eufóricas. Não existe quem consiga permanecer nesse estado o tempo todo. Você pode estar sereno, ou ser uma pessoa mais tímida e pacata, mas ao mesmo tempo se sentir muito feliz, muitas vezes até mais feliz do que aqueles que vivem eufóricos!

Por essa razão, a melhor opção, de acordo com Ed Diener, também conhecido como o *Dr. Felicidade*, é a felicidade moderada. Compreender isso é fundamental para que as pessoas se desvinculem da ditadura da felicidade, ou de modelos pregados por algo ou alguém. Segundo Diener, felicidade e infelicidade são termos independentes entre si, um não exclui o outro, e por isso, é possível que você tenha as duas emoções ao mesmo tempo, ou esteja em um estado neutro.

A ausência de felicidade não significa infelicidade, e a ausência de infelicidade não significa felicidade, logo, se nesse momento eu não estou feliz, isso não significa, necessariamente, que eu estou infeliz ou triste, mas posso simplesmente estar em um estado de neutralidade emocional. Pessoalmente, acredito que estar emocionalmente neutro é um estado altamente produtivo e racional, com menos oscilações emocionais e menos interferências de pensamentos distrativos, ou seja, um momento em que sentimos mais tranquilidade e podemos focar melhor nossas atenções naquilo que estamos fazendo.

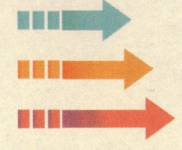

> Estar emocionalmente neutro é um estado altamente produtivo e racional, com menos oscilações emocionais e menos interferências

Pessoas que só aprenderam a associar a felicidade a festas e conquistas grandiosas não conseguem enxergá-la em coisas simples do dia a dia, em coisas banais, ou seja, na própria rotina. As pequenas conquistas diárias, até mesmo a própria saúde, passam a ser vistas como elementos comuns, rotineiros, como algo que devesse estar obrigatoriamente funcionando bem e que somente se torna motivo de felicidade quando deixa de funcionar. Esse é um costume que vem não só daquilo que absorvemos culturalmente, por meio de nossas famílias, por conceitos estabelecidos pela mídia, mas também por meio de experiências sociais e pela forma como isso tudo vai sendo integrado na nossa mente.

Os elementos que levam uma pessoa a alcançar maiores níveis de satisfação e bem-estar são: atitudes e emoções positivas diante da vida – até mesmo diante das dificuldades –, espiritualidade e busca de sentido, satisfação com a vida como ela é, relacionamentos sociais, um trabalho estimulante, valores, propósitos e objetivos de vida bem formulados, saúde física e mental, e, claro, condições materiais suficientes para suprir as necessidades pessoais[4].

Diversos estudos já chegaram à conclusão de que a maioria das pessoas vive razoavelmente feliz a maior parte do tempo, mas não com uma alegria crônica, onde não existem problemas a serem enfrentados, mas sim no sentido de estar, a maior parte do tempo, livre de tristezas, preocupações, problemas de saúde com algum membro da família e outras aflições. Justamente em virtude da dificuldade da maioria das pessoas em descobrir a felicidade intrínseca e verdadeira, muitos não conseguem percebê-la no seu dia a dia, tornando-se eternamente insatisfeitos.

O foco da felicidade humana deve estar nessas atividades mais rotineiras, pois são elas que estão presentes na nossa vida a maior parte do tempo, e não aquela felicidade advinda apenas de eventos especiais. E é isso que a Psicologia Positiva procura mostrar e estimular: fazer com que as pessoas tenham a possibilidade de fazer das suas atividades diárias, momentos agradáveis e felizes, no sentido de ter paz, serenidade e satisfação na maior parte do tempo, em vez de deixar para fazer isso em apenas 10% do dia, ou do ano, ou até, da vida! Pessoas que sabem aceitar realidades do dia a dia de forma agradável e satisfatória, em vez de ver apenas o fracasso por não ter atingido o nível máximo de satisfação como, por exemplo, uma promoção no trabalho ou um casamento feliz, acabam desenvolvendo para si uma melhor saúde emocional.

---

[4] (Diener & Diener., 2008)

É claro que existe uma predisposição genética que pode influenciar também o humor das pessoas, e por sua vez, a capacidade de vivenciar mais plenamente as emoções positivas. Esses fatores devem certamente ser considerados. Mas isso não é um fator impeditivo que justifique às pessoas deixar de tentar mudar a sua situação para algo melhor. Estudos revelam que apesar de ser composta por diversos fatores, 50% da felicidade humana é determinada pela genética (doenças e transtornos), 10% por circunstâncias (pobreza, tragédias, cultura, traumas), enquanto que 40% dependem das atividades que fazemos.

Isso quer dizer que temos uma parcela significativa de controle sobre nosso destino, e por isso, não existe motivo para as pessoas usarem a vitimização para justificar sua situação, e colocar a culpa de sua infelicidade nas circunstâncias externas da vida, ou em uma predisposição familiar. Se uma pessoa consegue mudar sua forma de agir no mundo para uma forma mais positiva, além disso ter um efeito positivo sobre ela, a situação acaba gerando um impacto significativo sobre a sua saúde de modo geral, podendo influenciar direta ou indiretamente os outros 60%, que representam fatores sobre os quais ela não tem tanto controle assim.

Crenças sobre a Felicidade

Milhões de pessoas buscam, todos os dias, encontrar a receita ideal e o caminho mais fácil para a felicidade. Será que pessoas ricas alcançam a felicidade plena? O casamento pode realmente nos tornar mais felizes? Pessoas que foram buscar uma vida melhor em um país de primeiro mundo, como Estados Unidos, Inglaterra, Canadá, conseguem encontrar tudo aquilo que esperavam ao se mudar para lá?

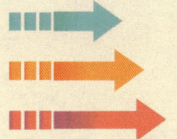

A felicidade não é algo passivo, que simplesmente acontece, mas sim um processo ativo, construído diariamente.

A felicidade não é simplesmente um conjunto de emoções positivas, mas sim um estado psicológico muito mais amplo, que engloba diversos fatores, incluindo um lado cognitivo, que diz respeito à própria avaliação que a pessoa faz de sua satisfação. O conceito de felicidade trazido por estudiosos da psicologia positiva como Ed Diener, por exemplo, é de que ela não deve ser simplesmente um produto final de nossos esforços, mas sim o combustível inicial para se alcançar metas, de forma satisfatória. Ele afirma que não é o casamento, o emprego dos sonhos, ou o dinheiro que nos fará mais felizes, mas sim o contrário, ou seja, ser feliz é que fará com que as pessoas conquistem os melhores trabalhos, os melhores salários e tenham relacionamentos melhores. A felicidade não é algo passivo que simplesmente acontece, mas sim algo ativo, construído diariamente.

Pesquisas já mostraram que pessoas felizes ganham mais, possuem menos índices de absenteísmo no trabalho, têm melhores relacionamentos interpessoais, dedicam-se mais ao voluntariado, tendem a ajudar mais estranhos, recebem mais elogios no trabalho, têm melhores avaliações de seus clientes e tendem a trocar de emprego menos frequentemente[5].

Estudiosos chegaram à conclusão de que é preciso que as pessoas tenham expectativas realistas sobre a felicidade, já que nem todos podem ser felizes o tempo todo. Um dos fatores principais que determina o bem-estar subjetivo de uma pessoa é a avaliação que ela faz de todo o conjunto da sua vida, incluindo o trabalho, relacionamentos, sua saúde, seus momentos de alegria. O senso de felicidade inclui ainda o modo de pensar e sentir sobre si, a avaliação que a pessoa faz de si própria. Pesquisas já comprovaram que a grande maioria das pessoas, com exceção daquelas que vivem em situação de extrema pobreza ou em situações de catástrofe, são felizes, ou seja, têm um nível positivo de bem-estar subjetivo. Isso não quer dizer que elas tenham uma vida sem problemas, nem que sejam absolutamente satisfeitas com tudo. No entanto, na maior parte do tempo, essas pessoas estão em um estado de normalidade e bem-estar que também é considerado um estado de felicidade e satisfação[6].

A conclusão de tudo isso é que o que faz as pessoas felizes não é necessariamente um bom trabalho, um relacionamento amoroso, a casa onde ela mora ou outras circunstâncias externas, mas sim suas atitudes, sua forma de pensar e interpretar os fatos, ou seja, sua riqueza psicológica.

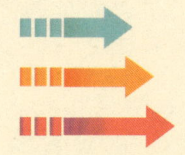

> O que faz as pessoas felizes são suas atitudes, sua forma de pensar e interpretar os fatos, ou seja, sua **riqueza psicológica**.

---

[5] (Lyubomirsky, King, & Diener, 2005)
[6] (Diener & Diener., 2008)

Sonja Lyubomirsky, psicóloga americana que pesquisou sobre a adaptação hedônica em diversos contextos como relacionamentos, trabalho e dinheiro, revela que existe na sociedade, de forma constante, uma associação da felicidade a alguma MUDANÇA DE CIRCUNSTÂNCIA da vida, ou seja, a maioria das pessoas acredita que a felicidade ocorrerá quando algo diferente acontecer, uma mudança de cidade, de emprego, de estado civil, até mesmo uma simples mudança no visual. Se está solteiro, acredita-se que o casamento trará felicidade. Se está casado, acredita-se que solteiros são mais felizes. Se estamos em um emprego simples, acreditamos que os altos cargos são melhores, pois pagam melhor. Mas aí, quando alcançamos um cargo alto, reclamamos do excesso de responsabilidade e da falta de tempo para o lazer e a família. E a lista não para aí.

No entanto, a autora alerta que todas as conquistas humanas estão vulneráveis *à adaptação hedônica*, ou seja, pensamos em tudo que no futuro nos trará felicidade e, ao chegarmos lá, passados alguns dias ou meses, estaremos sentindo tédio novamente, e buscaremos algo diferente. Experiências que até então eram altamente positivas, depois de algum tempo tornam-se algo normal, até chegarem ao ponto de se tornarem entediantes. Pense, por exemplo, em algum passatempo que você costumava praticar há tempos, algum artesanato, algum *App* ou *game* de celular ou computador, e que depois se tornou algo chato e sem graça. Até os aplicativos que um dia foram tão queridos pelas pessoas, como WhatsApp e Facebook, já são, para muitos, algo do qual muitos querem se livrar, por conta dos distrativos e das inúmeras mensagens.

Quantos de nós já tivemos preferência por algum restaurante ou fomos atraídos, inicialmente, a frequentar uma padaria nova, mas que, passados alguns meses frequentando, já não achamos mais interessante como antes. Um dos fatores responsáveis pela felicidade humana é o nível de atenção que damos às coisas, e por isso, quando vemos algo novo pela primeira vez, ficamos deslumbrados, mas logo após algum tempo, já nos acostumamos e aquilo deixa de ser interessante. Quantas vezes estamos no supermercado e nos deparamos com um cartaz avisando sobre um "novo lançamento", por exemplo, de um chocolate com sabor e recheio diferentes. Imediatamente, nossa atenção é desviada das marcas comuns e passa a desejar o produto novo. Essa é a base que alimenta o consumismo, e leva a atenção das pessoas para o objeto, para o lado de fora, tirando a atenção com relação a si próprias.

Na verdade, isso faz parte da "miséria humana" e do nosso eterno senso de insatisfação. Mas não se preocupe, isso não acontece só com você! A adaptação hedônica faz parte do ser humano, mas é possível nos tornarmos mais resistentes a ela à medida que compreendemos o seu funcionamento.

Do mesmo modo que a adaptação hedônica pode ser algo que distancia as pessoas da felicidade, em outras situações, um outro tipo de adaptação, a adaptação à realidade, ajuda a distanciar as pessoas da tristeza. O ser humano tende a passar, ao longo da vida, por uma série de altos e baixos, e uma forma que ajuda as pessoas a conseguirem manter um *status* de equilíbrio emocional com todas essas oscilações da vida é justamente a adaptação. Isso é algo vital para o ser humano, e faz com que ele possa manter um estado de equilíbrio ótimo da felicidade, a um nível de satisfação mediana, que não é nem um estado de alegria eufórica nem de tristeza profunda. Além disso, a adaptação, nesses casos, é uma aliada da resiliência, e um grande recurso para ajudar pessoas a superarem adversidades, lidar com perdas e recuperar novamente o otimismo para enfrentar seus problemas.

Felicidade e Relacionamentos

Um dos desejos clássicos associados à felicidade, desde os tempos mais remotos, em todas as culturas e religiões, é o casamento (ou, nos tempos modernos, um relacionamento amoroso). Pode ser um desejo inato, mas existe ainda uma grande influência de filmes românticos, das novelas, da literatura, além, é claro, da influência das mídias sociais. Mas enfim, ter um relacionamento dos sonhos é algo que a maioria das pessoas espera alcançar algum dia e, buscando, é claro, "ser feliz para sempre".

O que não se ensina, porém, nos filmes (muito menos nas mídias sociais) é que, passados alguns anos, ocorre uma "estagnação da felicidade", de forma que a monotonia e o tédio acabam tomando conta do relacionamento, tornando aquela experiência algo comum e normal[7]. Além disso, pesquisas já mostraram que pessoas casadas nem sempre são as mais felizes. Pessoas solteiras conseguem manter uma estabilidade emocional que nem sempre é possível de se conseguir com os altos e baixos do casamento, além de acabarem buscando o propósito e o significado de suas vidas em outras fontes, como no trabalho, nos amigos, nos pais,

---

[7] (Lyubomirsky S., 2013)

nos irmãos ou em causas sociais. Além disso, os solteiros acabam tendo mais tempo para se dedicar a si, à saúde e ao lazer; têm mais liberdade, mais amizades, e, consequentemente, acabam tendo mais autonomia e autoconfiança em razão da independência de ter que fazer muitas coisas por si só, sem pedir para os outros.

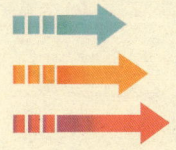

> Pesquisas já mostraram que pessoas casadas nem sempre são as mais felizes, pelo fato das pessoas solteiras conseguirem manter uma estabilidade emocional, além de acabarem buscando o propósito e o significado de suas vidas em outras fontes.

Logo após o casamento (ou até mesmo antes), vem então uma nova expectativa de felicidade: ter filhos. Pesquisas[8] já mostraram que, além do estresse, dos gastos materiais, da perda do sono e do sossego, casais que tiveram filhos acabavam tendo uma perda de satisfação com o relacionamento e se sentindo menos felizes, e que as duas causas principais de conflitos dentro de um relacionamento são questões financeiras e os filhos.

Obviamente que, mesmo diante de todos os sacrifícios, a maioria dos casais ainda continua com o desejo de ter filhos, o que é natural, até porque a procriação é algo inerente à espécie humana, e muitas pessoas que não aproveitaram essa oportunidade, acabaram se arrependendo depois.[9] Mas é importante frisar que, se você já é uma pessoa que se sente triste antes mesmo de ter filhos, como será possível transmitir afeto e carinho para eles nessas condições negativas em que você se encontra? Bebês e crianças observam a linguagem não-verbal de modo muito apurado, e sentem facilmente quando existe uma distância emocional dos pais, e, por essa razão, quanto mais o casal tiver a habilidade em criar um ambiente afetuoso e positivo, maiores as chances de que a criança cresça emocionalmente saudável.

Felicidade e Dinheiro

Mais uma busca associada à expectativa de felicidade é o dinheiro. Falar que dinheiro não traz felicidade é difícil e desafiante, ainda mais

---

[8] (Luhmann, 2012)
[9] (Lyubomirsky S., 2013)

no país onde moramos, em que o custo de vida é tão alto, e onde falta uma série de recursos básicos à população, que poderiam ser supridos caso todos tivessem uma condição financeira melhor. Muito sofrimento é amenizado quando se tem dinheiro, e isso é uma verdade. Um tratamento de saúde com qualidade, uma boa educação, uma casa decente e segura, um transporte veloz, além de tantas outras facilidades que podem tornar a nossa vida mais agradável e menos penosa.

Sou descendente de libaneses e o dinheiro, na cultura árabe, tem um valor considerável. Por essa razão, eu, assim como muitas outras pessoas, demorei a compreender como alguém poderia ser feliz sem dinheiro no bolso. Na verdade, ser feliz sem ter o básico é realmente complicado. Mas a questão que estaremos abordando aqui não é chegar ao extremo e dizer que a pobreza traz felicidade, apesar de existirem milhares de pessoas no mundo felizes assim, mas sim mostrar que não é preciso tanto dinheiro assim para viver bem, tendo em vista que o dinheiro, a partir de um certo patamar, torna as pessoas cada vez mais escravas.

Grande parte da felicidade vem da riqueza material, mas também grande parte vem da riqueza psicológica, da habilidade de enxergar o que existe de bom ao nosso redor, de fazer algo significativo, que tenha um sentido profundo, e de poder realizar atividades e trabalhos que explorem nossas melhores habilidades e pontos fortes a fim de que possamos realmente nos sentir realizados e úteis a alguém ou à sociedade.

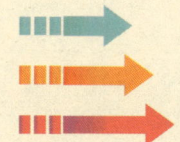

Estar satisfeito não é o mesmo que *estar feliz*. Muitas pessoas estão satisfeitas por poderem comprar o que querem e satisfazer suas necessidades, mas isso não quer dizer que elas estão felizes, necessariamente.

O problema do ser humano é que o desejo e a imaginação podem ser nossos maiores inimigos, pois eles se tornam, na grande maioria das vezes, muito maiores do que a realidade. É evidente que o dinheiro proporciona uma série de confortos ao ser humano, tanto materiais quanto imateriais, como por exemplo, acesso a uma saúde e educação de qualidade, segurança, sucesso profissional, *status*, lazer etc. Pessoas que não possuem o suficiente para suprir suas necessidades básicas ou pagar suas dívidas acabam ficando mais estressadas, angustiadas, aflitas e inseguras.

No entanto, ganhar demais nem sempre é sinônimo de saúde e felicidade. O dinheiro pode trazer satisfação pessoal, mas não felicidade. Existe uma sutil diferença entre um e outro. *Estar satisfeito* não é o mesmo que *estar feliz*. Muitas pessoas estão satisfeitas por poderem comprar o que querem e satisfazer suas necessidades, mas isso não quer dizer que elas estão felizes, necessariamente. Na verdade, ficar esperando que a felicidade aconteça é uma grande limitação ao potencial do ser humano, enquanto que construí-la por meio da positividade estimula a motivação, a criatividade, a resiliência e a produtividade, o que, consequentemente, leva ao sucesso[10]. A maioria das pessoas espera ser feliz após alcançar uma meta, mas se fosse assim, toda pessoa magra seria feliz, todo rico seria feliz e todo profissional bem-sucedido seria feliz.

A partir do momento em que o ser humano consegue um salário suficiente para suprir suas necessidades básicas – aquelas realmente essenciais como saúde, alimentação, roupa, moradia, educação –, após alcançados esses objetivos, o dinheiro já não contribui tanto assim para a felicidade. Pesquisas comprovam que, a partir de um certo nível salarial, a pessoa deixa de sentir a mesma alegria que tinha antes com o dinheiro. Um estudo realizado nos EUA mostrou que pessoas que passaram a receber o dobro do seu salário normal, tiveram o nível de satisfação de sua vida, após o novo acréscimo, aumentado em apenas 9% com relação ao nível de satisfação que tinham antes[11]. Esse dado confirma o efeito passageiro da felicidade hedônica, aquela gerada por um prazer mais imediato, e que logo em seguida, se perde. Isso acontece também nos relacionamentos, quando são criadas expectativas de um casamento impecável, sem levar em consideração outros elementos, que infelizmente vêm inclusos no pacote!

Outro aspecto negativo do dinheiro é que pessoas extremamente ricas acabam trabalhando demais, estressando-se no sentido de cuidar de suas finanças e de seu patrimônio, mantendo-se o tempo todo preocupadas com a sua própria segurança e da sua família, além de muitas vezes não terem um dos bens mais preciosos que o ser humano pode ter: o tempo, para desfrutar de tudo que possuem.

Além disso, um dos maiores problemas do dinheiro é que ele gera novas necessidades, que até então não existia. À medida que as pessoas

---

[10] (Achor, 2012)
[11] (Rath, 2015)

se acostumam com o conforto, elas passam a buscar um nível ainda maior desse conforto, criando uma necessidade de aumentar cada vez mais a dose para sentir o mesmo nível de satisfação de antes. A pessoa deixa de perceber que, na verdade, a felicidade não está no objeto, mas sim na sua forma de pensar.

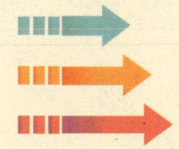

> À medida que as pessoas se acostumam com o conforto, elas passam a buscar um nível ainda maior desse conforto, criando uma necessidade de aumentar cada vez mais a dose.

Pessoas com poucos recursos financeiros também podem usar sua desvantagem financeira em prol da felicidade. Muitas vezes elas são mais felizes porque saboreiam e aprendem a valorizar o pouco que têm. São criativas ao aproveitar objetos de formas diferentes e improvisar para conseguir o que precisam, usam o humor para amenizar as mazelas da vida, além de, muitas vezes, terem o privilégio de ter mais tempo para ficar com a família e amigos.

O dinheiro pode ao mesmo tempo aproximar ou afastar pessoas. Algumas pesquisas relatam que pessoas materialistas acabam tendo relacionamentos sociais mais insatisfatórios e superficiais do que aquelas que possuem menos recursos financeiros.

Existem controvérsias e muitas variáveis com relação à felicidade associada ao dinheiro, até porque, assim como ele pode tornar pessoas mais felizes, pessoas mais felizes acabam tendo mais chances de ganhar dinheiro, justamente por estarem mais abertas, mais engajadas, motivadas e dispostas a aprender e persistir no seu negócio. Na verdade, o dinheiro traz felicidade se as pessoas realmente souberem utilizá-lo da forma correta, saber esperar antes de gastá-lo de uma vez só, investindo na própria autonomia, em novas competências e habilidades, e de forma pró-social.

Gastar dinheiro em experiências faz as pessoas mais felizes do que quando elas fazem uso dele para adquirir bens físicos, tendo em vista que as experiências são algo que nos preenchem internamente, estão menos sujeitas às comparações sociais do que os bens materiais, nos trazem desafios ou aprendizados, e o melhor de tudo, não se desgastam com o tempo; mas ao contrário, são revividas e relembradas com alegria[12].

---

[12] (Carter & Gilovich, 2010)

Felicidade e as Comparações Sociais

Segundo Lyubomirsky[13], muitas vezes somos governados por nossos instintos com atalhos mentais rápidos ou pela influência de regras gerais ditadas pela cultura ou sociedade sobre a felicidade, mesmo que esses instintos ou regras sejam irracionais.

Um quesito que influencia demais o nível de felicidade das pessoas e o nível de bem-estar subjetivo são as comparações sociais. Comparar a própria vida com parâmetros estabelecidos por alguém ou então simplesmente com a vida das outras pessoas é um dos piores caminhos para a felicidade. Passar o tempo todo observando os bens, conquistas, relacionamentos, viagens, objetos pessoais e empregos de outras pessoas acaba se tornando uma tortura psicológica. Um exemplo clássico que estimula bastante esse tipo de comportamento são as mídias sociais.

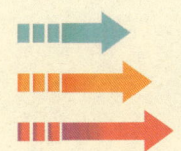

> Comparar a própria vida com parâmetros estabelecidos por alguém ou então simplesmente com a vida das outras pessoas é um dos piores caminhos para a felicidade.

O dinheiro também é influenciado por esse padrão. Muitas pessoas não conseguem enxergar o tamanho da sua riqueza pelo fato de compará-la com a riqueza dos outros. A comparação social e a cobiça desestabilizam a felicidade de qualquer um, até mesmo quando ganhamos um bom salário. Isso é o que acontece, por exemplo, com aquelas pessoas que não conseguem ser felizes com um salário de R$ 10 mil simplesmente pelo fato de verem seus amigos ganhando um salário de R$ 15 mil.

A atenção humana é um dos elementos mais importantes para a felicidade, e dependendo da forma como a utilizamos, podemos ser mais ou menos infelizes. As distrações a que estamos expostos diariamente acabam deixando as pessoas mais cansadas, frustradas e infelizes. Além disso, o fato de se usar a atenção para buscar objetivos mais imediatos do que para propósitos sólidos, como projetos de vida e amizades, faz com que as pessoas se sintam infelizes[14]. É esse mesmo raciocínio que faz com que dois tópicos tenham um lugar tão relevante dentro da Psicolo-

---

[13] (Lyubomirsky S., 2013)
[14] (Dolan, 2015)

gia Positiva: a teoria do *flow* e o *mindfulness*, ambos com enfoque na atenção humana, mas em contextos e formas diferentes.

Focar a atenção nos outros, automaticamente tira a atenção de nós mesmos. Isso faz com que as pessoas coloquem toda a sua energia para fora, ao invés de aproveitar para investir essa mesma energia em si mesmas e nas suas próprias vidas. Esse comportamento faz com que elas percam cada vez mais tempo e foco, levando-as a se sentirem perdidas e desanimadas. Uma das formas de se alcançar a felicidade duradoura é dar mais atenção às coisas que realmente nos estimulam e nos deixam motivados: fazendo, decidindo, projetando e construindo cada etapa daquilo que desejamos para alcançar na nossa vida, em vez de ficar apenas como um observador passivo do sucesso alheio.

Capítulo 3

**Pilares Básicos
da Psicologia Positiva**

Em primeiro lugar, é importante frisar que a Psicologia Positiva não busca criar uma ciência da "Felizologia". Isso é tão verdade que os próprios autores da área enfatizam, em diversos trabalhos, que um dos objetivos desse movimento não é suprimir as emoções negativas, mas sim facilitar e estimular o uso de recursos próprios para neutralizar os efeitos das emoções negativas, quando elas aparecerem, em vez de esperar que algo ou alguém traga a solução. A postura dessa teoria incentiva a autonomia e a proatividade, a fim de que o ser humano torne-se mais responsável pelo seu destino.

Além disso, ao conhecer de forma mais profunda a teoria e os princípios da Psicologia Positiva, fica claro que seu objetivo não é estimular a felicidade hedônica, a felicidade vazia, mas sim fazer com que as pessoas busquem vidas mais cheias de significado e propósito, de modo que elas possam ter uma felicidade mais duradoura e verdadeira, que possibilite o crescimento e o florescimento pessoal de forma abrangente.

Para Seligman, a Psicologia Positiva tem como missão estimular o estudo de três elementos principais: as experiências humanas positivas, e o que torna as pessoas felizes, os traços individuais positivos, com foco no estudo das forças pessoais e nas instituições positivas, buscando compreender os fatores e forças que tornam as instituições mais felizes e produtivas.

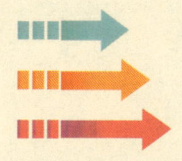

> Ao conhecer de forma mais profunda a teoria e os princípios da Psicologia Positiva, fica claro que seu objetivo não é estimular a felicidade hedônica, a felicidade vazia.

A primeira teoria sobre o bem-estar, elaborada por Martin Seligman, foi publicada no livro *Felicidade Autêntica*. Quando escreveu a obra, o autor acreditava que, para o indivíduo alcançar a felicidade, seria imprescindível a presença de três elementos em sua vida: emoções positivas, engajamento e significado. As *emoções positivas* seriam representadas por todas aquelas sensações prazerosas na vida do ser humano, como alegria, entusiasmo, esperança, diversão etc. O *engajamento* seria aquilo que chamamos de *flow*, ou seja, a realização de ações que envolvam e motivem as pessoas naturalmente, pelo próprio prazer da atividade, a ponto de elas perderem a noção do tempo e espaço, de tão envolvidas e atraídas pela atividade em si. Quanto mais a atividade está alinhada aos talentos e forças pessoais do indivíduo, maior será o engajamento. Já o terceiro elemento da felicidade seria o *sentido e propósito*, ou seja, agir em função de algo maior, ter um verdadeiro motivo, um "porquê" de fazer as coisas, de trabalhar, de estudar, de viver[15]. Esse propósito muda de pessoa para pessoa, podendo ser Deus ou uma crença pessoal, até simplesmente um relacionamento afetivo, a família, filhos, uma ONG, a natureza, uma causa social e/ou humanitária.

Após alguns anos, não satisfeito com sua própria teoria, cujo foco maior era a felicidade humana, e também em razão de algumas críticas externas, Seligman decidiu ampliá-la e mudar o foco, que agora estaria no bem-estar e no florescimento, ao invés de apenas na satisfação humana. Segundo ele, uma das principais falhas da teoria seria associar a felicidade simplesmente ao bom humor, o que não é real, já que existem outros fatores que levam à satisfação humana, além de simplesmente estar alegre. A felicidade é um conjunto de diversos fatores, incluindo aí o próprio significado que cada um dá a ela, o qual pode variar conforme diferentes culturas, idades, raças, religiões etc.

A partir disso, surge então a teoria do bem-estar, constituída por cinco elementos básicos que formam a sigla PERMA: *emoções positivas, relacionamentos positivos, engajamento, sentido e realização*. A partir desse momento, o bem-estar torna-se o objeto principal de estudo da Psicologia Positiva, e não simplesmente a felicidade humana de forma isolada, a qual, segundo Seligman, é um conceito muito limitado para avaliar a satisfação com a vida, além de ser algo exclusivamente subjetivo, enquanto que o bem-estar pode ser medido tanto objetiva como subjetivamente. Os cinco elementos do modelo PERMA foram criteriosamente selecionados em razão dos seguintes critérios: todos eles contribuem para o bem-estar humano; as pessoas buscam esses elementos por si só e não para obter algo secundário, e todos eles podem ser definidos e mensurados independentemente dos outros elementos[16].

A felicidade é um conceito mais singular, mais individual, e algumas vezes até egoísta, enquanto que o bem-estar é um conceito mais amplo, mais social, que abrange o sentido, as realizações e os relacionamentos, ou seja, conceitos muito maiores e mais duradouros, que levam as pessoas a "florescerem", ou seja, desenvolver o melhor de si, potenciali-

---

[15] (Seligman M. E., 2002)
[16] (Seligman M. E., 2011)

zando suas qualidades e talentos, criando relacionamentos melhores e, com isso, aumentando a sua vitalidade, resiliência, autoestima e a sensação de bem-estar.

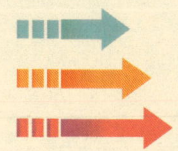

> A felicidade é um conceito mais singular, mais individual, e algumas vezes até egoísta, enquanto que o bem-estar é um conceito mais amplo, mais social, que abrange conceitos muito maiores e duradouros.

A partir dessa teoria, foram reunidas pesquisas sobre cada um desses elementos, tanto de forma isolada como integrada, e houve, com isso, uma mudança de paradigma dentro do campo da Psicologia, ao trocar o foco na doença e em tudo que está ruim para aquilo que está funcionando bem. O mais interessante é que, à medida que foram surgindo novas pesquisas, a Psicologia Positiva conseguiu mostrar a importância desses elementos não apenas para o desenvolvimento e florescimento humano, mas também no campo prático.

As intervenções da Psicologia Positiva podem representar uma contribuição valiosa dentro do campo da Saúde e da Educação, desde a prevenção de doenças até a sua utilização como coadjuvante de tratamentos médicos em geral. A seguir, faremos uma exposição de cada um dos pilares básicos da Psicologia Positiva e a importância de cada um deles no estado físico-emocional, no trabalho, no desempenho e na qualidade de vida das pessoas.

Capítulo 4

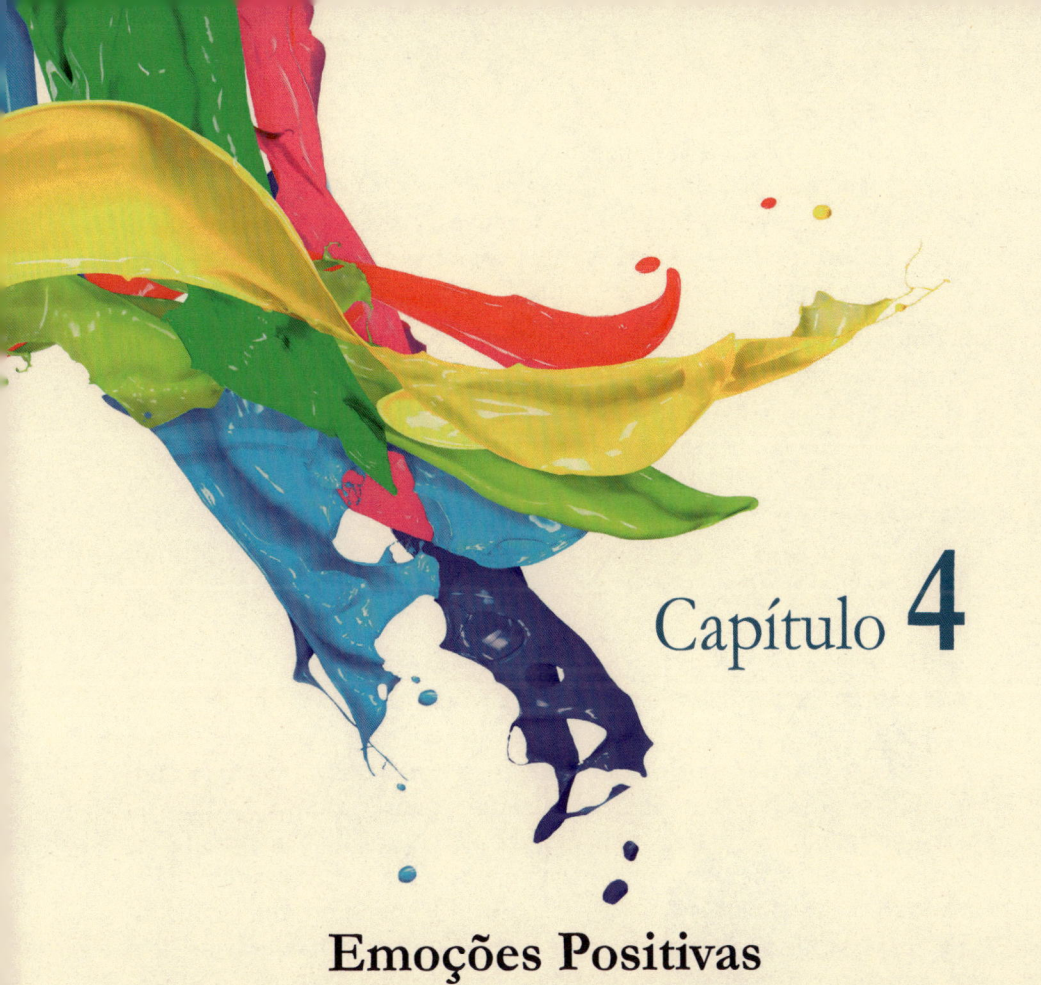

Emoções Positivas

Quando falamos em emoções positivas, a melhor forma de começar o assunto é falando sobre a maior referência nessa temática: Barbara Fredrickson, pesquisadora americana que, por mais de 20 anos, realizou pesquisas sobre as emoções humanas e comprovou os benefícios da positividade nas mais diversas esferas, desde a cognição, a fisiologia, até a esfera social e cultural. Diversos estudos já comprovaram que as emoções negativas, além de serem mais facilmente percebidas pelo indivíduo, são naturalmente mais intensas e dolorosas, o que torna necessário que o ser humano crie e vivencie um repertório de emoções positivas suficiente no seu dia a dia a fim de "neutralizar" de forma mais fácil e amenizar aqueles momentos difíceis e as frustrações que temos que enfrentar.

Antes de prosseguir, é imprescindível deixar bem claro que a positividade pregada pela Psicologia Positiva é totalmente diferente da teoria do "pensamento positivo", pregada de forma "forçada" e superficial por outras teorias. A positividade que iremos mostrar aqui é algo muito mais profundo e tem efeitos fantásticos tanto no corpo como no comportamento humano, os quais foram comprovados por pesquisas diversas. A diferença é que, na Psicologia Positiva, ser emocionalmente positivo não significa apenas estar sorrindo o tempo todo, artificialmente, ou criar expectativas irreais sobre o futuro, mas utilizar uma série de recursos reais e possíveis, do próprio indivíduo, para ajudá-lo a alcançar o bem-estar e o melhor de suas potencialidades.

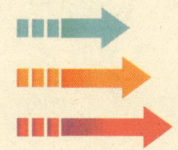

> A positividade pregada pela Psicologia Positiva não é a teoria do "pensamento positivo", a qual é pregada de forma "forçada" e superficial por outras teorias, mas algo mais profundo.

De acordo Fredrickson[17], a positividade pode ser expressa de diversas formas, e as dez formas mais comuns descritas por ela seriam: alegria, gratidão, serenidade, interesse, esperança, orgulho, diversão inspiração, admiração e amor. Cada uma dessas emoções traz pensamentos e sensações diferentes e, consequentemente, provoca comportamentos diferentes.

---

[17] (Fredrickson B. L., 2009)

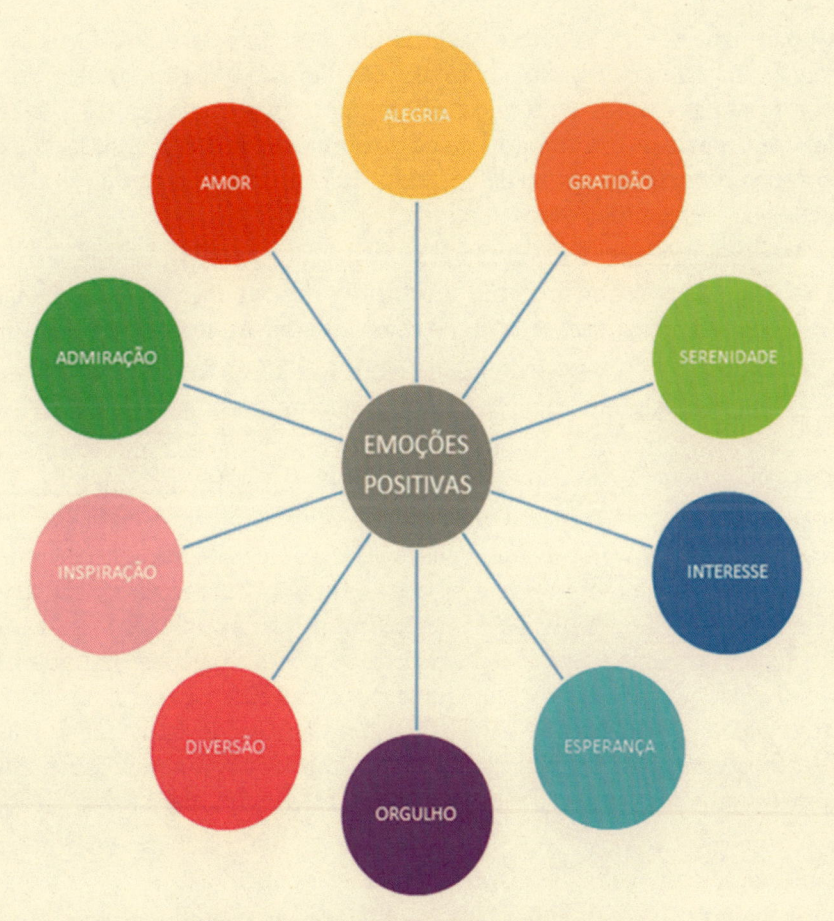

Figura 2 – As 10 emoções positivas mais comuns, segundo Barbara Fredrickson

A *alegria* - emoção positiva mais conhecida pelas pessoas - acontece quando a realidade dos acontecimentos corresponde ou supera as nossas expectativas. Isso provoca uma sensação de entusiasmo e torna as pessoas mais bem-humoradas, leves, abertas e brincalhonas. É o contrário da tristeza e da frustração, as quais aparecem quando a expectativa é maior que o acontecimento real. A alegria é a emoção positiva mais visível do ponto de vista físico, e por isso, acaba sendo a mais associada com a felicidade humana.

A *gratidão* é uma emoção que faz com que reconheçamos situações e dádivas que a vida nos proporcionou. Pode ocorrer de duas formas: de forma intrínseca, ou seja, com relação àquilo que possuímos e que vai bem em nossa vida; e na forma extrínseca, quando a manifestamos com relação a alguém por algo que fizeram para nós, reconhecendo a ação de outras pessoas. A gratidão cria uma espécie de débito moral, fazendo com que o outro queira retribuir de forma sincera e intencional – pelo menos na maioria dos casos.

A *serenidade* também é uma espécie de emoção positiva, e está ligada à sensação de segurança, a uma satisfação prolongada. Ela proporciona uma leveza interior com relação ao momento que estamos vivenciando.

O *interesse* é uma emoção ligada à curiosidade, à vontade de descobrir e explorar algo novo, aprender mais e estar aberto ao mundo.

A *esperança* é a única emoção positiva que surge quando estamos passando por momentos negativos, e é por isso que ela é tão importante, pois sua missão é justamente fazer com que as pessoas consigam sair do desespero e da tristeza profunda para trazer a crença de que algo de bom ainda pode acontecer, e de que as coisas ainda podem mudar para melhor. A esperança é a motivação que nos ajuda a recuperar a energia para nos reerguer, tentar outra vez, planejar novamente e voltar a enxergar as possibilidades e os recursos que ainda nos restam. A esperança também está ligada à resiliência humana, por isso o seu valor é incalculável, pois ela acaba tendo um papel decisivo em amenizar os pensamentos negativos e estimular o espírito de luta nos momentos de fraqueza e desolação.

Outra emoção positiva, o *orgulho*, o qual é muito censurado por ser confundido com a arrogância, na verdade desempenha um papel importante na motivação humana. Ele está diretamente ligado ao nosso senso de realização, à valorização do nosso trabalho, tanto por nós mesmos como pelos outros. Por sua vez, isso acaba tendo um impacto sobre a autoestima, estimulando e alimentando ainda mais os sonhos e objetivos futuros.

A *diversão*, uma das emoções mais diretamente ligadas à felicidade e ao humor, tem algumas diferenças sutis com relação à alegria pelo fato de ter um componente mais social. Na diversão, a pessoa busca compartilhar momentos felizes com outras pessoas e rir com elas, ao contrário da alegria, que representa uma sensação de felicidade mais interna e pessoal, ligada tanto ao aspecto físico como psíquico.

A *inspiração* é uma emoção positiva que está muito ligada ao autodesenvolvimento, pois faz com que as pessoas se sintam envolvidas e motivadas a agir, buscando ser cada vez melhores. A inspiração estimula o autoaperfeiçoamento, incentivando pessoas a buscarem um grau maior de excelência que, naquele momento, elas ainda não possuem, mas que gostariam de ter. Para isso, cada pessoa tem sua fonte de inspiração, que pode ser alguma pessoa sábia, alguma celebridade, um mestre, um professor, um mentor, ou simplesmente um amigo.

A *admiração* está ligada à autotranscedência, e é uma emoção que faz com que as pessoas fiquem perplexas ou hipnotizadas diante da grandeza ou do encantamento por algo ou alguém. É uma espécie de deslumbramento, diferente da inspiração pelo fato de que, na admiração, a pessoa fica em um estado de contemplação ao estar diante de algo maravilhoso ou de tamanha beleza e perfeição.

E, finalmente, o *amor*, considerado a origem e a fonte maior de todas as emoções positivas, responsável por despertar os sentimentos humanos mais nobres. O amor está ligado a todos os tipos de relacionamentos que um ser humano pode ter, e à vida de modo mais amplo, já que é a emoção que une pessoas e evita a destruição humana. Daí a sua importância, entre todas as outras.

O Cérebro e a Negatividade

Como já é sabido, o cérebro humano é biologicamente programado para dar mais atenção às emoções negativas do que às positivas, assumindo essa configuração por uma questão de sobrevivência. Ele funciona como um radar, que está sempre vigilante, a fim de nos proteger de ameaças, perigos, perdas potenciais, problemas ou algo ruim. É também por isso que, quando estamos no meio de várias pessoas e nos deparamos com alguém triste ou nervoso, aquilo nos desperta mais curiosidade em querer saber o que está acontecendo do que quando vemos pessoas sorrindo. Assim, eventos, pensamentos, sentimentos e emoções negativas acabam tendo uma certa prioridade, sugando muito mais a atenção do cérebro e reduzindo a importância de qualquer outro fato ou acontecimento. Eles literalmente "passam na frente" de todo o resto. Isso, até certo ponto, é bom, pois o que seria de nós se alguém tentasse nos dar um golpe, fazer uma trapaça ou praticar uma violência e nós não conseguíssemos perceber isso? No entanto, apesar dessa proteção biológica ser imprescindível, do ponto de vista da saúde, dos relacionamentos e da qualidade de vida, a médio e longo prazo, esse processo acaba sendo tão perigoso para a vida do ser humano quanto as ameaças comuns que vivemos.

É fácil observarmos como isso acontece, quando por exemplo, assistimos a um noticiário. Existem matérias muito interessantes no jornal, que despertam nossa curiosidade e admiração, porém, notícias ruins, como tragédias, crimes ou catástrofes, chamam muito mais a nossa atenção, e permanecem por um tempo mais longo na nossa lembrança. Isso é o que alguns autores chamam de "predisposição negativa" do cérebro. Esse fenômeno acaba aumentando a intensidade das experiências negativas, fazendo com que a pessoa reaja aos fatos de forma exacerbada, acumulando preocupação, rancor, tristeza, sofrimento e desencadeando, no corpo, todo o processo biofisiológico ligado ao estresse, o qual acaba repercutindo sobre os relacionamentos e o trabalho. Somado a tudo isso, a predisposição negativa ainda reduz o efeito de tudo de positivo que acontece ao nosso redor, isto é, ela acaba desviando a nossa atenção para aquilo que é mais urgente, tirando o brilho e a intensidade das coisas boas, as quais, por sua vez, acabam se diluindo e se esvaecendo na memória. À medida que nos envolvemos mais ainda com a negatividade, fica cada vez mais difícil que o nosso cérebro consiga perceber e absorver, de forma permanente, os momentos felizes[18].

As pessoas têm a possibilidade de ativar ou desativar a positividade. Tudo depende do foco e do ângulo como analisamos as coisas. No entanto, estamos tão acostumados a ser críticos, e perceber mais rapidamente aquilo que está ruim do que o que está bom, que achamos muito difícil e artificial sermos positivos diante da vida. Soma-se a isso o fato de que a grande maioria das pessoas se deixa influenciar por notícias ruins que passam na televisão, por mensagens que chegam diariamente no celular, por vídeos com cenas de revolta ou tragédia. Tudo isso junto torna cada vez mais difícil convencê-las a acreditar que existem muitas coisas boas no nosso dia a dia. O segredo é: mudar o foco.

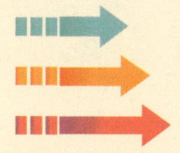

> O impacto psicológico de assistir a notícias de superação, criatividade, inovação, solidariedade e generosidade é totalmente diferente do impacto de reportagens ligadas à violência, marginalidade, tristeza, ódio e medo.

---

[18] (Hanson, 2015)

É impressionante a avidez que existe nos nossos grupos sociais em contar notícias ruins, sejam eles grupos familiares ou grupos de trabalho! Existem pessoas que parecem precisar disso para viver e se sentir bem! Ser o primeiro a contar algo, ou simplesmente compartilhar uma notícia ruim é uma forma que algumas pessoas encontram para se socializarem e conseguirem um pouco da atenção alheia. A atenção dada, por sua vez, acaba atuando como um reforçador para que esse padrão de comportamento seja mantido e repetido outras vezes.

Tirar o foco das notícias e dos "noticiadores" ruins, nos tornando indiferentes a esse tipo de assunto, dando atenção apenas às notícias boas, é uma maneira de estimularmos que as pessoas ao nosso redor mudem o seu comportamento e passem a utilizar estratégias mais positivas para atrair nossa atenção. Quem sabe, com essa pequena atitude, possamos fazer com que, um dia, até os noticiários televisivos passem a mostrar um número maior de notícias boas? Isso certamente ajudaria pessoas a desenvolver uma visão menos pessimista da vida e ter mais motivação e esperança para lutar por um futuro melhor para o país e para o mundo. Essa é uma reflexão importante, tendo em vista que o impacto psicológico de assistir a notícias de superação, criatividade, inovação, solidariedade e generosidade é totalmente diferente do impacto de reportagens ligadas à violência, marginalidade, tristeza, ódio e medo.

A Memória e o Circuito Neurofisiológico das Emoções

Manter-se por um longo tempo sob o efeito das emoções negativas gera problemas no corpo. Existem algumas áreas do cérebro, como a amígdala, o hipotálamo e o hipocampo, que, ao serem acionadas por uma emoção ou evento negativo, imediatamente acionam a descarga dos chamados hormônios do estresse, como adrenalina, cortisol, entre outros. Essas substâncias ativam diversos órgãos do nosso corpo, que vão nos preparar para alguma ação urgente, colocando-nos sob um estado de agitação e inquietação mental e física. Essa inquietação toda, se mantida por um tempo prolongado, acaba sobrecarregando tanto o corpo quanto a mente, predispondo a futuras doenças e distúrbios. Talvez muitos até saibam disso, mas o problema não para por aí.

O cérebro humano possui uma memória ligada às informações, fatos e lembranças (memória explícita), e outra memória ligada aos nossos aprendizados (memória implícita). O fato de nosso radar cerebral estar geralmente mais sensível a possíveis perigos e ameaças faz com que fatos, experiências e notícias boas acabem passando desapercebidos, e consequentemente, deixando de ser registrados por nossa memória (a não ser aqueles fatos positivos extremamente marcantes). Assim, os acontecimentos bons acabam sendo esquecidos e perdidos rapidamente, ao contrário de eventos negativos, que ficam retidos na mente por um tempo bem mais longo. Isso acontece porque as experiências positivas dificilmente são retidas a longo prazo pela memória, já que não conseguem ser fixadas na estrutura neural do cérebro, mas acabam passando simplesmente pelo sistema de memória comum, e é por essa razão que rapidamente nos esquecemos das coisas boas que nos acontecem.

Isso acontece porque nossa memória busca reter experiências ligadas a processos ligados a aprendizados. Assim, para se proteger da "ameaça" e não passar novamente por aquela experiência negativa, o cérebro fixa na memória de longo prazo, "como" aquilo aconteceu, e "o que" aconteceu, para que o evento não se repita, e para que possamos saber nos defender quando a ameaça acontecer novamente. Já o mesmo não acontece com as experiências positivas, pelo fato delas não serem tão "perigosas" nem ameaçadoras. Isso então torna necessário que a gente crie outros mecanismos para reter essas experiências, até que isso se torne um processo automatizado em nossa mente. Na verdade, só precisamos de um pouco de treinamento para isso!

O papel da memória influencia e afeta o comportamento diante de experiências futuras, e a forma como iremos reagir às circunstâncias. Muitas das sensações negativas que sentimos ao longo da vida estão muito mais ligadas às nossas memórias de algo semelhante que nos aconteceu no passado, do que ao perigo do evento em si. O exemplo mais clássico é aquele que acontece com relação às memórias ligadas a acontecimentos durante a infância, momento em que as pessoas ainda são altamente vulneráveis e sem preparo suficiente para lidar com as vivências da época. Assim, experiências negativas em que se juntam evento, pensamento, emoção e comportamento acabam sendo registradas na memória cortical a fim de que, quando um novo evento acontecer, o mesmo caminho seja ativado para produzir uma reação semelhante. À medida que a pessoa se mantém em um estado de negatividade constante, sobretudo em razão de sua maneira negativa de reagir a qualquer situação, até mesmo às situações imaginárias, ela vai tornando o circuito responsável pela ativação dos hormônios do estresse cada vez mais automatizado. Isso acontece porque as próprias substâncias do estresse, como o cortisol, superestimulam o cérebro, enfraquecendo o hipocampo (região ligado à memória de longo prazo e à aprendizagem), tornando a amígdala (estrutura ligada às reações emocionais e aprendizagem de conteúdo emocionalmente relevante) mais sensível à estimulação por pensamentos-gatilho negativos.

Assim, além das primeiras experiências negativas ficarem registradas na nossa memória de longo prazo, haverá uma probabilidade cada vez maior da pessoa responder de forma emocionalmente negativa aos próximos fatos ou acontecimentos no futuro, tornando o comportamento automatizado. É como se, aos poucos, o sistema de alarme da pessoa fosse ficando "desregulado", de modo que ela vai tendo cada vez mais dificuldade de enxergar algo de positivo no mundo ao seu redor e nas coisas que lhe acontecem. Não é à toa, e com razão, que costuma-se dizer que negatividade gera mais negatividade. Do ponto de vista neurológico, essas reações se tornam um ciclo, de forma que quanto mais elas acontecem, mais tendem a se repetir no futuro, em um sistema de retroalimentação. E esse fenômeno não acontece simplesmente por causa de problemas ou adversidades, mas, na maioria das vezes, em função da própria maneira como a pessoa processa e interpreta os eventos, tornando-os muito maiores e mais negativos do que realmente são. Por isso existe a necessidade de "treinar" o cérebro a criar novos caminhos neurais, com o objetivo de evitar que ele se habitue a processar as informações do mundo lá fora sempre da mesma forma. E a melhor maneira para se chegar a esse resultado é saber explorar o melhor das experiências que vivenciamos diariamente, sejam elas boas ou ruins.

À medida que as pessoas mudam o seu foco, passando a valorizar o positivo e a reduzir o impacto do negativo, torna-se mais fácil transformar a estrutura neural e ativar estados mentais, até que eles passem a fazer parte dos traços neurológicos que compõem o funcionamento de uma pessoa. É o que os cientistas chamam de *neuroplasticidade autodirigida*[19], um fenômeno em que a própria pessoa vai

---
[19] (Hanson, 2015)

construindo sua forma de pensar, ao invés de permitir que "outros" elementos o façam. Assim, ela deixa de ser governada pelas lembranças de eventos negativos do passado ou por outras influências, como, por exemplo, a mídia, a opinião de pessoas dominadoras ou o comportamento de outras pessoas. A *neuroplasticidade autodirigida* permite que a pessoa crie um filtro mental, fazendo com que seu cérebro incorpore apenas aquelas experiências ou aprendizados positivos, e minimize o impacto e a retenção dos eventos negativos. Ao ativar o máximo de experiências positivas possível, reconhecer e registrá-las mentalmente, o indivíduo tem a possibilidade de aumentar as chances de passar por novas experiências agradáveis, justamente pela modificação do seu comportamento e reação diante do mundo. Consequentemente, isso amplia e potencializa cada vez mais a espiral ascendente de emoções positivas.

A Psicologia Positiva busca provar, cada vez mais, com as evidências da Neurociência, que o cérebro pode mudar, por meio do treinamento e do exercício mental. É o que alguns autores também chamam de "*plasticidade estrutural*", isto é, a capacidade de criarmos novas formas de pensar, de modo mais permanente no cérebro[20]. Isso contraria a teoria genética, que é mais determinista, e que já não acredita tanto na possibilidade da mudança da estrutura cerebral.

Teoria do Ampliar e Construir e a Espiral Ascendente Positiva

Uma das maiores descobertas ligadas à positividade é o efeito de ampliação e de abertura que ela proporciona. Essa é a teoria que fez com que Barbara Fredrickson se tornasse mundialmente conhecida dentro dessa temática: a *teoria do ampliar e construir*. Segundo essa teoria, as emoções positivas expandem o raio de visão, de atenção e contribuem para a percepção de novas possibilidades. Em um dos experimentos realizados, pesquisadores perceberam que, pessoas que eram estimuladas com emoções positivas, quando solicitadas a olhar fotos diversas, tinham uma percepção sobre os detalhes e áreas periféricas das fotos maior

---

[20] (Achor, 2012)

do que pessoas estimuladas negativamente. Isso demonstrou que a positividade amplia mais a atenção e a percepção das pessoas do que a negatividade[21].

Os efeitos benéficos da positividade vão além da esfera individual, e por essa razão, esse princípio tem sido aplicado em diversas empresas e escolas de negócios, com o objetivo de melhorar relacionamentos, negócios e a otimização de soluções. A partir de algumas pesquisas realizadas com líderes, verificou-se que gerentes com maior positividade acabavam contagiando seus liderados, tendo melhores relações interpessoais. Do ponto de vista estratégico, eles tomaram decisões mais cuidadosas e certeiras, fizeram novas parcerias, alianças estratégicas e tiveram melhores relações comerciais[22].

Ter um maior nível de atenção significa ter mais foco, mais concentração, mais engajamento e mais criatividade para lidar com nossos problemas. Um raio de visão mais amplo também estimula o surgimento de mais ideias. Essa conclusão tem uma importância imensa, já que a atenção é um dos elementos mais importantes para a inteligência, a produtividade e o bem-estar emocional do ser humano, e isso será mostrado em diversos capítulos deste livro. A atenção humana tem um papel determinante na qualidade das emoções, na percepção, na construção de significados, na busca de sentido, de metas e objetivos, e claro, na busca de uma felicidade mais autêntica e duradoura. É por meio da atenção que conseguimos, ao mesmo tempo, estar em contato com o mundo externo e o mundo interno da nossa consciência.

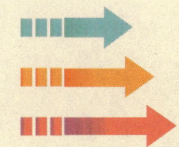

> Emoções positivas aumentam o raio de visão do ser humano, fazendo-o enxergar novas opções e possibilidades.

A positividade cria um ciclo de efeitos reflexos e progressivos, a chamada "espiral ascendente", de forma que quanto mais a empregamos, mais a multiplicamos e avançamos para cima, ampliando nossos horizontes. Explicando de forma mais simples: emoções positivas aumentam o raio de visão do ser humano, fazendo-o enxergar novas

---

[21] (Fredrickson B. L., 2009)
[22] (Fredrickson B. L., 2009)

opções e possibilidades, facilitando ainda a elaboração de novas soluções para os problemas e adversidades. Consequentemente, à medida que geramos soluções efetivas, geramos ainda mais emoções positivas dentro de nós, e nos sentimos mais eficientes por termos conseguido resolver o problema; mais felizes, mais orgulhosos e mais dispostos a enfrentar novos desafios futuros. E aí o ciclo recomeça novamente, de forma progressiva. Com o passar do tempo, tudo isso vai gerando mais crescimento, isto é, mais abertura para o mundo, para os negócios, para a vida, além de melhores relacionamentos com as pessoas que estão ao nosso redor.

É o que acontece, por exemplo, no ambiente de trabalho. Estudos já comprovaram que trabalhadores felizes são mais eficientes, são melhores líderes, apresentam níveis mais altos de produtividade, melhores remunerações e tendem a ter um índice menor de absenteísmo e *turnover* no trabalho, além de serem mais queridos e terem melhores avaliações de desempenho[23].

A maior dificuldade que enfrentamos, ao falar sobre emoções positivas, é a confusão que as pessoas fazem entre ser natural e ser artificial. Cultivar, praticar e valorizar experiências positivas não quer dizer "forçar" a mente a aceitar que está tudo bem, muito menos esconder ou negar os problemas da vida. A questão aqui é mudar o foco do negativo, do que está ruim para o que está bom, ou pelo menos, no que de bom podemos tirar de tudo que estamos passando. Focar no problema, ou no possível problema, acaba trazendo mais problemas ainda, limitando o campo de visão para outras possibilidades interessantes que podem estar na nossa frente!

O ser humano pode desenvolver e cultivar forças interiores a fim de que essas forças se tornem traços estáveis, criando um repertório próprio de ações inteligentes que nos ajudam a contribuir e nos relacionar melhor com os outros, bem como a lidar com os infortúnios da vida. Essas forças seriam habilidades e formas menos "negativas" de reagir a determinadas situações, caracterizadas por comportamentos e sensações como a calma, o contentamento com aquilo que possuímos, a afeição por nossos pares, atitude positiva, o bom senso, a determinação, a generosidade[24].

---

[23] (Achor, 2012)
[24] (Hanson, 2015)

Estimular a retenção e a valorização do positivo é, na verdade, um exercício mental que tem a missão de reconfigurar a forma como fomos educados a interpretar o mundo, desde pequenos. Para que o cérebro se torne cada vez melhor e mais forte, é preciso exercitá-lo de forma constante, assim como fazemos com os músculos do corpo. Do mesmo modo que leituras frequentes e exercícios de memória são importantes para tornar nossa memória mais ativa e afiada, do ponto de vista emocional, também é preciso praticar e exercitar o cérebro para que ele passe a processar aquilo que vivenciamos em nosso dia a dia de forma mais saudável, com menos tensão e sofrimento.

Emoções Negativas e a Espiral Descendente

De maneira oposta, emoções negativas como raiva, medo, ansiedade, culpa fazem com que as pessoas se isolem, se desentendam entre si e se fechem mais, como um mecanismo de defesa. À medida que isso acontece, e com um círculo social cada vez mais fechado, tanto em casa como no trabalho, reduzem-se as oportunidades, as conquistas, os relacionamentos, e consequentemente, outras opções também diminuem. Esse ciclo gera ainda mais frustração e tristeza, levando a pessoa a entrar em uma espiral descendente, de forma que a tendência é que as coisas só piorem, e o mundo se feche cada vez mais para ela.

Esse fenômeno é muito visível no nosso dia a dia. Imaginar alguns cenários facilita ainda mais essa compreensão. Emoções negativas são um grande obstáculo para a memória e o aprendizado. Quando alguém é submetido a provas, seleções ou algum concurso e fica nervoso ou estressado, as chances de esquecimento e de erro no exame acabam sendo muito maiores. Nessas situações, o estresse está ligado ao medo, e como sabemos, o medo é uma emoção negativa que recruta o máximo de energia para o corpo reagir a uma ameaça. Do ponto de vista físico, isso é bom para que a pessoa esteja preparada para se defender de algo ruim, mas do ponto de vista mental, isso é ruim, pois o pensamento fica totalmente focado no objeto do medo, e prejudica outras funções normais ligadas à cognição e ao raciocínio.

No ambiente de trabalho não é diferente. Pessoas que trabalham emburradas ou, se por algum motivo estão preocupadas e irritadas, acabam tendo uma maior probabilidade de fazer um trabalho malfeito, ou então de produzir menos resultados.

Na vida pessoal, isso é ainda mais visível. Quantas vezes somos aconselhados por pessoas próximas a não reagir a ofensas nem tomar decisões importantes quando estivermos sob o domínio da raiva ou no calor das emoções. Discutir com alguém quando estamos de "cabeça quente" pode ser um caminho sem volta, pois essa é uma situação em que a pessoa está totalmente envolvida por emoções negativas, o que faz com que seu raciocínio e campo de visão estejam totalmente restritos e limitados. Diante disso, a pessoa não consegue enxergar outras possibilidades, nem pensar em fatores secundários que podem ter influenciado o acontecimento de determinada situação. A pessoa perde a noção de seus atos e palavras, e das consequências que suas ações podem ocasionar no futuro. O que acontece então é que, após uma discussão mais fervorosa, os elementos envolvidos entram em uma espiral descendente, que cria ainda mais emoções negativas, como a culpa, o rancor e o arrependimento.

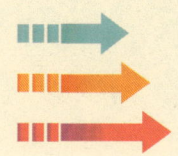

> Emoções negativas como raiva, medo, ansiedade, culpa fazem com que as pessoas se isolem, se desentendam entre si e se fechem mais.

Nós somos um reflexo de como agimos no mundo, e recebemos aquilo que doamos. Se estamos sendo rudes e dando "patadas", vamos receber o mesmo. Se não lembramos dos outros, também não seremos lembrados. Além disso, quando as pessoas se sentem bem e felizes, existem maiores chances de se oferecerem para ajudar os outros e demonstrarem atos de gentileza.

A Psicologia Positiva não nega jamais a importância das emoções negativas na vida das pessoas, já que é por meio de eventos negativos que pessoas se tornam mais resistentes, fortes, e com o "pé no chão". Isso, fora o fato das emoções negativas serem nosso sistema de segurança. Medo, raiva, desespero são emoções que nos protegem de coisas ruins, mas a intenção é que elas sirvam apenas como um alerta para resolvermos algum problema ou algum tipo de ameaça, e não para serem carregadas todos os dias em nossa mente, de forma prolongada.

As emoções negativas foram feitas para serem utilizadas por um período curto, ou seja, apenas o suficiente para tomarmos consciência de que algo errado está acontecendo, e que precisamos tomar alguma providência rápida. Logo, percebe-se que o problema não são as emoções negativas em si, mas sim o tempo que as pessoas ficam em contato com elas. Essas emoções sufocam toda forma de positividade e tendem a levar a pessoa cada vez mais para o fundo do poço.

Emoções Positivas e Resiliência

O ser humano tem três necessidades fundamentais para viver emocionalmente bem: segurança, satisfação e ligação[25]. Esses três elementos são determinantes para dizer se uma pessoa estará constantemente sob situação de estresse, medo, frustração, ou se ela saberá lidar com as dificuldades de modo mais sereno e equilibrado. O primeiro elemento, a *segurança*, proporciona um estado de mais tranquilidade, conforto e relaxamento, tanto mental como físico, em que substâncias como oxitocina e outros hormônios ficam em um equilíbrio homeostático, estimulando ainda mais essas sensações. A *satisfação*, segundo elemento, está ligada às recompensas, intrínsecas ou extrínsecas, que vivenciamos, enquanto a *ligação*, terceiro elemento, está relacionada ao afeto e ao apego com as pessoas ao redor. A sensação de segurança, além de gerar esse estado, também acaba amortecendo o impacto gerado por circunstâncias difíceis da vida, tornando a superação de desafios, ameaças ou adversidades um processo menos sofrido e doloroso, de forma que possamos enfrentar tudo isso com os pés no chão e a cabeça no lugar, sem perder a razão.

Quando os três elementos básicos estão equilibrados, o ser humano fica sob um *estado receptivo*. Nesse *estado receptivo*, a mente deixa de ser afetada, de forma profunda, pelos acontecimentos, e isso faz com que estruturas cerebrais, como o hipotálamo, por exemplo, responsável por ativar os hormônios do estresse, seja estimulado de forma menos intensa, causando, assim, menos sensações negativas tais como irritabilidade, ansiedade, raiva, tristeza etc. As vantagens disso é que, além do equilíbrio emocional se tornar algo cada vez mais duradouro, esse estado favorece também os relacionamentos sociais, tendo em vista que, à medida que sabemos lidar melhor com nossos problemas, tendemos a ferir e culpar menos as pessoas à nossa volta e sentir mais satisfação e serenidade com relação à vida.

---

[25] (Hanson, 2015)

Emoções negativas bloqueiam nosso melhor "eu", fazendo-nos ser rudes, fechados e menos comunicativos. Isso faz com que sejamos mal interpretados pelas pessoas, já que, ao invés de deixarmos aflorar o melhor da nossa personalidade, acabamos por mostrar apenas o lado sombrio. À medida que reduzimos a carga das emoções negativas em nosso cérebro, isso nos torna mais abertos, mais comunicativos e mais afetuosos com as pessoas, além de nos tornar mais resistentes a provocações e futuros problemas. Com isso, há uma melhora na qualidade dos relacionamentos, no bem-estar psicológico e na saúde em geral.

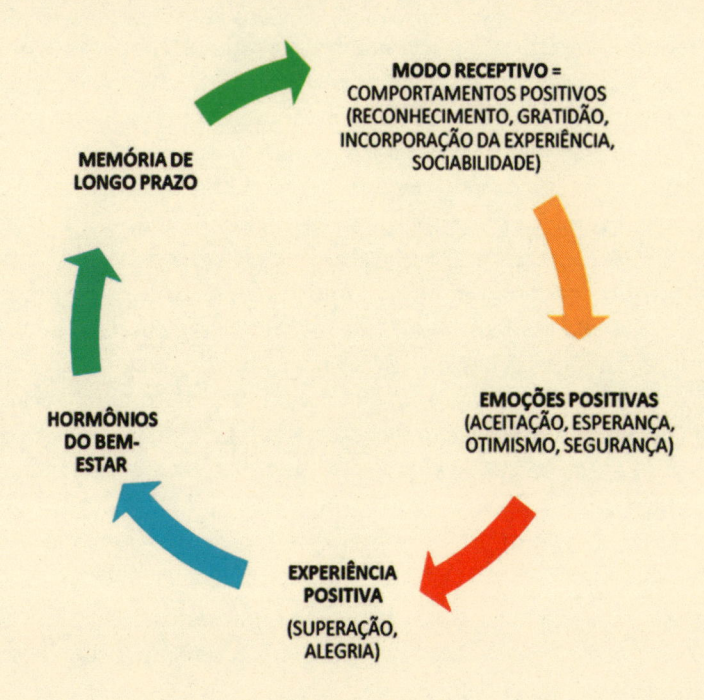

Figura 5 - Ciclo da "predisposição positiva" das emoções positivas

Por outro lado, pessoas que estão constantemente preocupadas, inseguras, chateadas ou ansiosas, acabam se colocando sob um estado mais reativo, o que aumenta a descarga de hormônios como adrenalina e cortisol, fazendo com que toda a nossa energia esteja focada, de modo permanente, no problema. Muitas pessoas acabam até se habituando a esse estado, a longo prazo, porém, isso provoca um mal-estar emocional de forma crônica, fazendo com que se permaneça, de modo constante, em uma posição defensiva e isolada. Por consequência, isso piora a qualidade dos relacionamentos e aumenta as chances do indivíduo se envolver em comportamentos de risco como o alcoolismo, o jogo patológico, a drogadição, distúrbios alimentares, compras, distúrbios de conduta e outros transtornos psicológicos. Do ponto de vista físico, estar sob o efeito da negatividade crônica também acaba enfraquecendo o sistema imunológico ao longo do tempo, aumentando o risco de inflamações e tornando ainda mais provável o surgimento de novas doenças no corpo.

Do ponto de vista cognitivo e neurológico, com o tempo, passa a haver uma mudança em algumas áreas do cérebro, o que faz com que a pessoa tenha cada vez mais dificuldade de enxergar os acontecimentos da vida sob uma perspectiva mais ampla. Isto é, a tendência é que a pessoa passe a ter uma visão de "funil", sendo capaz de analisar as situações de forma restrita e fechada, por um único ângulo, não conseguindo perceber outras perspectivas possíveis. Do ponto de vista social, uma pessoa reativa causa mais conflitos, gerando um ciclo ainda maior de reatividade. Observa-se, diante disso, o poder que o cérebro tem de influenciar a aquisição de doenças, comprometendo a saúde geral do nosso corpo, tornando-o ainda mais vulnerável.

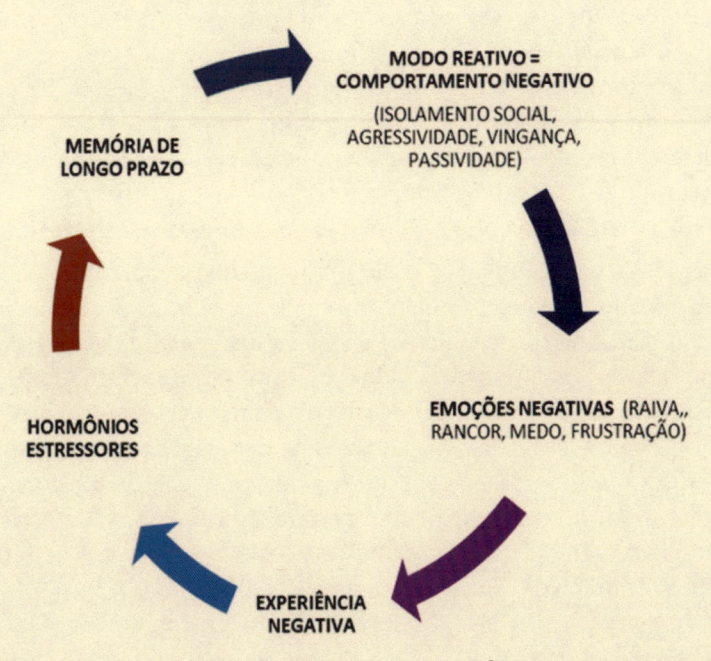

Figura 6 - Ciclo da "predisposição negativa" das emoções negativas

Segundo Seligman[26], pessoas felizes são capazes de resistir melhor à dor, além de terem mais cuidados com relação à saúde e à sua segurança. Além disso, o próprio estilo emocional e o repertório positivo que elas cultivam já contribuem para que se desfaçam e se recuperem mais rapidamente das emoções e experiências negativas que lhes acontecem, favorecendo ainda mais o processo de recuperação de problemas de saúde, familiares ou outras adversidades. Soma-se a isso, ainda, a rede social que as pessoas felizes conseguem cultivar de forma mais estável e duradoura do que aqueles que estão constantemente sob o efeito do estresse, da raiva e do medo. Pessoas felizes não só possuem vínculos sociais mais fortes, em razão da sua abertura, serenidade e alegria, como também pela sua confiabilidade e estabilidade emocional, o que facilita ainda mais o processo de apego e ligação afetiva, sobretudo se levarmos em consideração os efeitos biológicos, como os da oxitocina e de outros hormônios do bem-estar.

Cultivando Experiências e Emoções Positivas

Todas essas necessidades, como a segurança, satisfação e ligação são possíveis de serem aperfeiçoadas à medida que as pessoas buscam incorporar experiências positivas e coisas boas ao cérebro de forma frequente, tornando possível reverter os efeitos da predisposição negativa e se preparar para problemas futuros. Estruturas cerebrais ligadas ao nosso sistema de prazer e recompensa, como o núcleo *accumbens*, por exemplo, acabam sendo mais ativadas por esses estímulos positivos, o que faz com que a pessoa tenha uma sensação maior de bem-estar e alegria.

Para reduzir a negatividade, o desânimo, a frustração, é preciso que se aprenda a reeducar o cérebro de modo que experiências positivas fiquem mais presentes e se tornem mais fortes. Segundo alguns autores, isso é possível se tivermos a oportunidade de fixar e reter por um tempo mais longo a lembrança dos eventos positivos. Assim, manter uma experiência viva em nossa consciência por pelo menos dez, vinte segundos ou mais tempo, e revivê-la na memória com mais frequência, é uma forma eficiente de formar novas conexões em nossa memória a fim de possibilitar um equilíbrio maior na nossa forma de pensar e interpretar os fatos da vida, minimizando os efeitos da predisposição negativa.

---

[26] (Seligman M. E., 2002)

Uma das maneiras de se estimular a positividade é aumentar o nível de atenção e percepção sobre as coisas boas que nos acontecem, mesmo que sejam raras, e buscar valorizá-las, enriquecê-las, absorvê-las por um tempo prolongado e colocá-las lado a lado com os elementos negativos a fim de que seja possível neutralizá-los, e, com o tempo, torná-los cada vez mais enfraquecidos. Isso manterá as experiências positivas mais vívidas e fortes na memória, até que se torne um hábito automatizado. Lembrando que uma experiência positiva não precisa ser algo necessariamente bom que nos aconteceu, mas também coisas ruins que foram evitadas, ou coisas que poderiam ter dado errado, mas que não deram. Esses fatos também são experiências positivas, se prestarmos atenção. É interessante ter essa percepção, pois a maioria dos indivíduos busca apenas fatos concretos, evidentes de felicidade, e acaba deixando de perceber o "invisível", isto é, que muitas coisas poderiam estar ainda pior do que já estão. Além disso, se você não tem ou não consegue perceber uma experiência positiva, outra alternativa é imaginar algo para o futuro. A imaginação também é uma forma de estimular o cérebro. E fique tranquilo, criar um pensamento positivo para o futuro não é uma forma "forçada" de positividade, pois basta o indivíduo colocar na mente aquilo que pode vir a se tornar real, atrelado a padrões e expectativas conectados à realidade do mundo. Estudos já revelaram que, apesar de o "pensar" e o "fazer" serem duas coisas bem diferentes, ambas têm a mesma origem e conseguem alterar a percepção das pessoas sobre o mundo. Assim, à medida que pensamos sobre situações ou eventos positivos, isso amplia nossa consciência perceptiva, e, melhor ainda, influencia até mesmo certos movimentos do corpo, como por exemplo, uma postura mais aberta, um sorriso, o relaxamento e outros gestos não verbais.

> Construir e imaginar coisas boas para o futuro, abrindo novas perspectivas que estejam atreladas à realidade, também é uma forma de inundar a mente de modo positivo.

Outra forma de estimular a positividade é buscar extrair "o doce do amargo", pois é sempre possível buscar o lado bom das coisas ruins, tirar algum aprendizado dos nossos erros, permitir a autocompaixão, perceber a superação, a força e tudo mais que seja possível colher das perdas e frustrações que passamos. Construir e imaginar coisas boas para o futuro, abrindo novas perspectivas que estejam atreladas à realidade, também é uma forma de inundar a mente de modo positivo. A pior atitude diante de experiências negativas é manter uma postura negativa também, pois o resultado será ainda mais negativo do que prevíamos; isso, se nossa saúde física não chegar ao limite antes. Parece até contraditório, mas o melhor que podemos fazer quando estivermos enfrentando alguma situação difícil é assumir uma postura positiva a fim de não piorar ainda mais a situação. Por essa razão, a melhor estratégia para superar adversidades é minimizar os fatores negativos da situação e dar mais destaque e ênfase aos fatores positivos.

O importante é que, ao aliar a constância e a variedade dos pensamentos bons, com uma intensificação e uma extensão temporal dessas experiências, mais estrutura neural será desenvolvida com o tempo. Por sua vez, maior será o nível de neurotransmissores do bem-estar (norepinefrina, dopamina), e mais essas experiências estarão sendo solidificadas em nosso cérebro. Por consequência, com o tempo, esse novo hábito formará a chamada *cognição incorporada*, na qual, de forma automática, o pensamento acaba "moldando" a pessoa, levando-a a adotar melhores comportamentos, os quais, de forma cíclica, criarão novas formas de pensar[27]. Esse é um processo de mudança profundo e efetivo que ocorre quando as pessoas se dispõem efetivamente a realizar um treinamento mental em busca do seu próprio crescimento pessoal, permitindo que criem seus próprios recursos para superar desafios.

Positividade e Inteligência Emocional

A teoria da *Inteligência Emocional*, popularizada por Daniel Goleman, está ligada justamente à capacidade das pessoas identificarem suas emoções e as daqueles ao seu redor, sabendo gerenciá-las de forma harmônica e equilibrada. Na Psicologia Positiva, a ênfase sobre a prática das emoções positivas está diretamente ligada a esse conceito, apesar de haver poucos estudos debatendo o assunto. No entanto, tendo em vista que o maior desafio da inteligência emocional reside justamente no gerenciamento das emoções, a melhor maneira para se chegar a isso é estimular a positividade, a qual possibilitará melhores condições para a tomada de decisão, evitando que a pessoa aja sob o efeito de emoções negativas, movida por seus instintos e impulsos mais primitivos, ao invés da razão.

---

[27] (Hanson, 2015)

Cultivar as próprias forças e qualidades permite que o indivíduo tome mais consciência do seu potencial, da sua autorresponsabilidade e do seu poder de transformação, o que reforça ainda mais a positividade, a autoconfiança e a segurança, de modo geral. A partir do momento em que a pessoa se torna mais segura de si e das suas capacidades, as chances dela se tornar vulnerável a eventos estressores tornam-se cada vez menores, pois ela própria passa a emitir o sinal para sua mente e para todo o sistema neural de que está tudo bem, de que as coisas estão sob controle e que irão se resolver em breve. Essa habilidade é altamente empoderadora, pois, ao invés da pessoa manter uma postura passiva diante do que lhe acontece, ela terá um papel mais ativo sob o que acontece no seu corpo. A consciência faz a codificação do mundo externo para o nosso mundo interno, e é justamente essa codificação que irá definir se o corpo responderá de modo reativo e agressivo ao que está acontecendo, ou de modo receptivo e equilibrado. É aí que se encontra o poder e a habilidade da pessoa usar, literalmente, a inteligência emocional a seu favor, e ter mais controle sobre si.

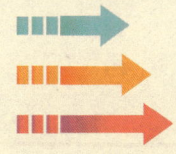

> A positividade cada vez mais deixa de ser um clichê motivacional para se tornar um elemento validado por inúmeras pesquisas e estudos que comprovam o quanto esse hábito é essencial para o ótimo funcionamento do corpo e da mente.

Cultivar emoções positivas, por meio de novas experiências no presente, memórias do passado ou planos para o futuro, parece um clichê clássico da autoajuda, mas hoje, a ciência já comprovou, em diversos estudos, os efeitos significativos a longo prazo dessa prática, tendo em vista que uma mente mais positiva pensa melhor, aprende mais e age de forma mais sábia diante de circunstâncias desagradáveis. Com o tempo, todo esse ciclo permite que seja criado um controle muito melhor sobre as emoções, de modo que o indivíduo possa gerenciá-las de modo mais inteligente. O melhor de tudo é que, à medida que a pessoa incorpora esses hábitos a nível neural, ela vai mudando sua forma de pensar de forma permanente, podendo desfrutar de uma felicidade mais interna, duradoura, incondicional e, principalmente, uma felicidade menos hedônica, que independe de fatores ou estímulos externos fugazes para se autossustentar.

A positividade cada vez mais deixa de ser um clichê motivacional para se tornar um elemento validado por inúmeras pesquisas e estudos que comprovam o quanto esse hábito é essencial para o ótimo funcionamento do corpo e da mente. É por esse motivo que a Psicologia Positiva enfatiza a importância das emoções positivas, da mudança de *mindset*, da criação de novos significados e da utilização das forças pessoais. A Psicologia Positiva não é um conto de fadas que busca mostrar um mundo colorido, onde tudo vai bem e não existem dores nem problemas, mas, pelo contrário, ela busca trazer evidências científicas que ofereçam alternativas para ajudar o ser humano a reeducar a sua forma de pensar e agir sobre o mundo. O cérebro humano é uma das nossas maiores fontes de bem-estar, é o que nos torna eficientes no mundo, governando nossas ações e decisões e, por isso, saber utilizá-lo adequadamente é o caminho mais curto para obtermos mais saúde física e emocional. Como não temos um manual de instruções para utilizá-lo adequadamente e já que agir por instinto nem sempre leva a um bom resultado, é preciso buscar formas mais funcionais para superar nossa predisposição negativa de olhar o mundo.

O Efeito da Positividade no Meio Social e Cultural

Uma das descobertas mais interessantes nas pesquisas sobre positividade, e que eu considero uma das chaves para resolver o problema do preconceito racial e a dificuldade de socialização, é o efeito da positividade com relação a pessoas estranhas ou de outras culturas, provando como ela amplia a mente das pessoas e as torna mais abertas para o mundo. Estudos realizados verificaram que pessoas submetidas a emoções positivas tendiam a reconhecer pessoas de outras etnias de forma tão eficiente quanto as pessoas da sua própria raça[28]. Isso quer dizer que pessoas envolvidas por emoções positivas tendem a eliminar o estranhamento e a distância racial com relação àqueles que não fazem parte do seu círculo comum.

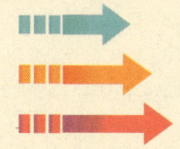

> Outro benefício proporcionado pela positividade é que ela é algo contagioso, e isso, do ponto de vista social, é uma ferramenta formidável, criando mais compaixão, generosidade e reciprocidade.

---

[28] (Johnson & Fredrickson, 2005)

Outro benefício proporcionado pela positividade é que ela é algo contagioso, e isso, do ponto de vista social, é uma ferramenta formidável, criando mais compaixão, generosidade e reciprocidade entre o grupo. Isso prova que a espiral ascendente da positividade cresce e se amplia não apenas no indivíduo, mas também no seu meio social, ao passo que nossas atitudes positivas acabam gerando ainda mais atitudes positivas nos outros, e se multiplicando progressivamente.

Até mesmo nossas expressões faciais são imitadas pelos que estão próximos. Sabe aquela cena clássica da infância, quando uma criança olha para outra, tentando se conhecer, e de repente uma delas dá um sorriso, e logo em seguida, a outra criança já dá um sorriso também? Ou então quando uma criança mostra a língua e a outra faz o mesmo? Desde bebês já temos esse reflexo de espelhar um sorriso quando vemos nossa mãe ou nosso pai sorrindo. É a lei da reciprocidade, que na verdade, funciona bem antes do que imaginamos.

Na vida adulta é igual, e por isso, o sorriso é uma das atitudes humanas mais eficientes, tanto para alcançarmos objetivos pessoais, ao sermos mais amáveis, cativantes ou atraentes, como para alcançarmos objetivos profissionais, sendo simpáticos em uma entrevista de emprego, ou no atendimento ao cliente. E falando em área de vendas, esse é mais um exemplo que mostra a importância da positividade. Ninguém gosta de ser atendido por gente grossa e mal-humorada, e por isso, demonstrar alegria é uma vantagem tanto na posição de profissional, quando buscamos atender bem as pessoas, quanto na posição de cliente, quando nós mesmos desejamos ser bem atendidos pelos outros. Isso sem contar o fato de que, quando demonstramos simpatia perante os outros, muitas vezes conseguimos algo além do esperado, sobretudo diante de situações de insatisfação do cliente, quando é preciso reconquistar novamente a sua confiança em nosso trabalho, e evitar maiores desentendimentos.

Durante minhas palestras e nas matérias que escrevo, costumo dizer às pessoas que não criem altas expectativas, nem fiquem à espera do reconhecimento alheio, mas sim que busquem agir sem esperar nada em troca – uma forma de não nos frustrarmos tanto com o comportamento dos outros. Apesar disso, ainda acredito que existem pessoas que sabem retribuir nossas ações. E se isso não acontece como imaginamos, a retribuição acaba vindo de outra fonte muito maior ou por outros meios, quando menos se espera, e de forma inusitada.

Como veremos mais à frente, a espiritualidade é uma força que também nos preenche com emoções positivas como o otimismo, a fé, a paciência, perseverança, entre outros, e, por isso, acredito que, usando essa ferramenta da maneira certa, temos a possibilidade de perceber não apenas a retribuição vindas das pessoas, mas da vida como um todo, aumentando ainda mais nosso repertório de emoções e sensações positivas.

Emoções Positvas X Emoções Negativas

Emoções positivas e emoções negativas podem ter diferentes frequências e intensidades. Essa constatação foi muito bem elucidada por Barbara Fredrickson, em algumas de suas pesquisas. Quanto maior a frequência das experiências positivas durante a vida, mesmo que pouco intensas ou significativas, maior será o nível de felicidade. Então, segundo ela, é melhor que as emoções positivas sejam frequentes e rasas (simples), do que raras e intensas. Em suas pesquisas, ela verificou que pessoas bem-sucedidas nos relacionamentos ou no trabalho geralmente são aquelas que experimentam um número maior de emoções positivas. Com relação à intensidade, as emoções negativas, infelizmente, têm uma força e um impacto maior no estado emocional do ser humano do que as emoções positivas. Um evento ruim, uma perda ou uma frustração pode ser duas, três, quatro vezes mais intensa do que uma experiência positiva.

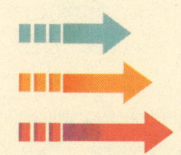

> Quanto maior a frequência das experiências positivas durante a vida, mesmo que pouco intensas ou significativas, maior será o nível de felicidade.

No ano de 2005 foi publicado um dos estudos mais famosos e citados pela literatura na área[29], quando, por meio de medições matemáticas, chegou-se à conclusão de que, para o ser humano florescer e atingir um nível adequado de bem-estar, seria necessário que a proporção das emoções positivas com relação às negativas fosse de três para um. Isso quer dizer que, para vivermos bem e conseguirmos lidar com os desafios da vida, sem perder o equilíbrio, seria preciso que, para cada emoção nega-

---

[29] (Fredrickson & Losada, 2005)

tiva, tivéssemos três emoções positivas para neutralizar o efeito daquela experiência ruim.

Infelizmente, esse estudo foi contestado por alguns cientistas da área, alguns anos após a sua publicação, por questões metodológicas utilizadas na obtenção do resultado. No entanto, a pesquisa teve uma relevância muito grande, e despertou a curiosidade de outros estudiosos, que comprovaram resultados semelhantes. Além disso, empiricamente, a maioria das pessoas tem essa percepção com relação ao "peso" das emoções, e, por essa razão, parece existir realmente uma certa desproporção entre a força do positivo com relação ao negativo. Seria bastante interessante se um número maior de pesquisas semelhantes a essa fosse realizada com o objetivo de "aferir" as emoções, matematicamente falando.

Na área dos relacionamentos, outro estudo, também com um cunho "matemático", buscou descrever e quantificar as emoções, chegando à conclusão de que a fórmula ideal para que um casamento dure mais tempo e não culmine em divórcio, é preciso que o casal mantenha uma proporção de cinco interações ou declarações positivas para cada negativa[30]. Esse dado mostra, mais uma vez, o quanto as emoções negativas podem afetar o estado emocional. Logo, para cada decepção, frustração ou atitude negativa do parceiro, como uma palavra, um olhar, uma crítica, é preciso que haja, no mínimo, cinco interações positivas para reparar e superar o dano causado.

Benefícios da Positividade

A positividade ajuda pessoas a mudar seus hábitos e a crescerem psicologicamente, tornando-as mais flexíveis, abertas e otimistas. Do ponto de vista físico, Barbara Fredrickson enumera uma série de benefícios já comprovados da positividade sobre a saúde, como redução nos níveis de hormônios ligados ao estresse e das reações inflamatórias decorrentes, maiores índices de dopamina e opiáceos, como as endorfinas, melhora no sistema imunológico, redução da pressão arterial, da dor, redução nos riscos de hipertensão, diabetes, derrame, e menor vulnerabilidade a resfriados[31]. Emoções positivas estimulam a liberação de dopamina e serotonina, os chamados hormônios do bem-estar, os quais, além de proporcionarem sensações agradáveis, ainda melhoram a capacidade de

---

[30] (Gottman & Levenson, 1999)
[31] (Fredrickson B. L., 2009)

aprendizagem do cérebro, ajudando na organização de informações e mantendo-as por um tempo mais longo na memória. Outro efeito disso é um aumento na criatividade, nas habilidades de raciocínio e na resolução de problemas.

Assim como tudo que é demais é ruim, a positividade em excesso é ruim também, logo, o ideal, é atingirmos o equilíbrio. No entanto, como dissemos anteriormente, o fato das emoções negativas serem mais intensas faz com que exista a necessidade de um repertório de emoções positivas em maior quantidade a fim de que a balança não pese nem para um lado nem para o outro. Desse modo, além de ampliar nossas perspectivas, a positividade ajuda a fortalecer nosso "sistema imune psicológico" a fim de que, ao nos depararmos com algum evento difícil ou ruim, possamos neutralizar as sensações negativas e gerar mais força para superar e nos recuperar da situação.

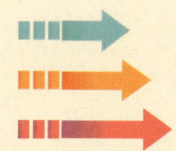

> As emoções e afetividade positiva são essenciais para a saúde mental do ser humano, pois níveis baixos dessas emoções aumentam a vulnerabilidade a alguns distúrbios.

Como já foi dito antes, a esperança é uma das únicas emoções positivas que surge diante da dificuldade, colaborando para que as pessoas superem seus problemas. Logo, a positividade é a chave da recuperação, possibilitando que as pessoas se tornem mais fortes, com capacidade de olhar a situação como um todo, e estarem mais abertas para conseguir enxergar o que existe de positivo por trás das angústias da vida[32].

A autoestima do ser humano é influenciada por uma série de fatores que são construídos psíquica e socialmente, sendo o afeto e as emoções elementos fundamentais dentro dessa construção. Um humor mais positivo estimula comportamentos mais solidários entre as pessoas, enquanto emoções negativas fazem com que as pessoas evitem se aproximar ou formar vínculos, justamente por se sentirem, de alguma forma, desconfiadas ou ameaçadas.

As emoções positivas, assim como a afetividade positiva, são essenciais para a saúde mental do ser humano, pois níveis baixos dessas emoções aumentam a vulnerabilidade a alguns distúrbios como a depressão,

---

[32] (Fredrickson B. L., 2009)

compulsões alimentares, abuso de substâncias, agorafobia, estresse pós-traumático, fobia social, ansiedade, estresse, entre outros. Pessoas que cultivam a positividade apresentam maior satisfação com seus relacionamentos, com seu trabalho e com si próprias.

Sabe-se que muitas doenças mentais são influenciadas por fatores genéticos. Apesar disso, o ser humano não pode ter uma visão determinista da doença, pois da mesma forma que a genética influencia o comportamento humano, o comportamento humano influencia a genética. Visões deterministas impedem pessoas de buscarem a mudança e a transformação, tornando-as vítimas passivas de suas próprias doenças.

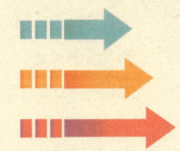

> Pessoas felizes valorizam mais aspectos ligados ao comportamento saudável, absorvem mais informações sobre riscos e cuidados com relação a doenças, adotam melhores hábitos de saúde.

Finalmente, não poderíamos deixar de enfatizar, sucintamente, sobre os benefícios das emoções sobre o corpo. A positividade fortalece recursos físicos, sociais, intelectuais e psicológicos. As emoções positivas favorecem a longevidade, protegem do envelhecimento, melhoram o sistema imunológico, reduzem o nível de pressão sanguínea (redução do estresse) e aumentam a capacidade física. Pessoas felizes valorizam mais aspectos ligados ao comportamento saudável, absorvem mais informações sobre riscos e cuidados com relação a doenças, adotam melhores hábitos de saúde, aderem mais a programas de atividade física.

Do ponto de vista psíquico, acabam tendo mais entusiasmo, energia e vigor para a prática de exercícios, e, claro, de forma reflexa, ao se exercitarem, recebem a positividade de volta, e em dobro, tendo em vista todos aqueles efeitos de bem-estar já conhecidos, que são gerados fisiologicamente, quando nos exercitamos. Isto é, do mesmo modo que exercícios físicos, por sua própria natureza, melhoram o nível do nosso humor e o bem-estar físico-emocional, essa positividade acaba se revertendo novamente, para a prática de mais exercícios, tornando-se assim uma fonte motivacional contínua e poderosa que irá sustentar, de modo constante: a prática reiterada de hábitos saudáveis. O mesmo se dá com relação à alimentação. Nós somos o que comemos, e, por essa razão, do mesmo modo que os alimentos afetam o nosso humor, à medida que sentimos o bem-estar proporcionado por uma alimentação saudável, tendemos a nos esforçar mais em repetir o comportamento (mesmo diante de alguns deslizes).

No âmbito social, os efeitos da positividade são ainda mais evidentes. Até mesmo as relações de consumo ou médico-paciente são melhores. Um experimento realizado com médicos que foram presenteados antes da consulta por seus pacientes com algo bem simples e simbólico, uma simples guloseima, chegou à conclusão que eles realizaram um diagnóstico mais rápido e preciso do que outro grupo controle, que não recebeu o mesmo agrado. Lembrando que esses resultados ocorreram antes que os profissionais "comessem" a guloseima, mostrando assim que os resultados não foram influenciados pela ingestão de açúcar ou em função da elevação nos níveis de glicose. Do ponto de vista organizacional, estudos já comprovaram que a felicidade melhora a saúde física, e isso, por sua vez, faz com que as pessoas trabalhem melhor e mais rápido, aumentando suas chances de sucesso. Além disso, cultivar emoções positivas no ambiente de trabalho faz com que as pessoas não só sejam mais eficientes e produtivas, como ainda reduz o gasto com cuidados médicos e as chances de adoecimento, tanto físico como psíquico[33]. Diante desses dados, fica ainda mais evidente o entrelaçamento da felicidade no trabalho com questões econômicas, e a importância dessa temática para o ambiente organizacional, tendo em vista que esses dados, por si só, já revelam o quanto a satisfação emocional do funcionário pode colaborar para o progresso e a prosperidade da empresa, a longo prazo.

Assim, mesmo diante de um forte componente genético e biológico que ateste a presença de algum transtorno emocional, as pessoas podem e devem buscar melhorar a sua saúde mental, com o mesmo nível de esforço que elas empregariam caso estivessem com alguma doença ou limitação física, já que nem sempre a evolução da ciência, com seus novos medicamentos, será capaz de trazer os resultados desejados. Por isso, é mais fácil investir em hábitos e atitudes mais simples.

---

[33] (Achor, 2012)

Capítulo 5

Relacionamentos Positivos

Em primeiro lugar, relacionamento é um tema que abrange os mais diferentes tipos de relações, seja entre casais, seja entre pais e filhos, entre amigos, colegas de trabalho, parentes, vizinhos, entre outros. Apesar das pesquisas muitas vezes darem um foco maior aos relacionamentos afetivos de casais, é importante frisar que muitas das práticas e comportamentos também podem ser adotados nos outros tipos de relacionamentos, com suas devidas particularidades.

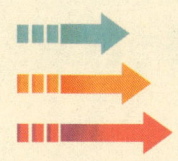

Existe uma íntima relação das emoções com os relacionamentos, já que grande parte da negatividade vem como resultado das relações que estabelecemos com as pessoas, o que acaba refletindo em nós mesmos. Desentendimentos, indiferença, desprezo, inveja provocam mais isolamento, o que, por sua vez, gera mais raiva e tristeza. Por outro lado, alegria, generosidade, gratidão atuam como um ímã, que faz com que as pessoas queiram se aproximar de nós, retribuir do mesmo modo, e nos dar o mesmo, ou até mais, do que estamos dando a elas.

Uma das melhores maneiras de melhorar a qualidade dos relacionamentos e torná-los ainda mais positivos, é mudando o estilo de comunicação, tanto verbal como não-verbal. Sentir-se respeitado, valorizado, compreendido e reconhecido é uma expectativa de qualquer pessoa dentro de um relacionamento. Estudos revelam que os relacionamentos mais bem-sucedidos não são apenas aqueles nos quais existe um apoio durante os momentos difíceis da vida, mas sim aqueles em que o parceiro reage de forma ativa e construtiva nos momentos de sucesso do outro. E realmente é frustrante quando nossas conquistas e vitórias não são reconhecidas pelas pessoas ao nosso redor.

> Existe uma íntima relação das emoções com os relacionamentos, já que grande parte da negatividade vem como resultado das relações que estabelecemos com as pessoas.

A indiferença é um dos maiores venenos que se pode encontrar nos relacionamentos, seja entre casais, pais e filhos, ou entre amigos. Valorizar e apreciar as boas notícias, apoiar os sonhos e desejos do outro é uma forma de generosidade recíproca que aumenta ainda mais a satisfação do casal. Até mesmo simples atos de ternura e carinho, como uma mão no ombro, pode transmitir uma sensação de segurança e afeto[34].

---

[34] (Lyubomirsky S., 2013)

Nos relacionamentos afetivos, o maior desafio das pessoas é conseguir manter o mesmo nível de interesse e entusiasmo todos os dias, e não deixar a rotina tomar conta da vida do casal. São os efeitos que a adaptação hedônica provoca, passados alguns anos do relacionamento, fazendo com que o casal não tenha mais as mesmas expectativas um no outro, como tinha antes.

Lyubomirsky[35] revela que uma das formas de retardar esse efeito, e lidar com o tédio, é voltar a apreciar o parceiro. A apreciação, segundo ela, possibilita que os casais visualizem e realcem os pontos positivos um do outro, se conectem mais, evitem as comparações com outros casais e motivem o outro a também a fazer o mesmo, em uma atitude recíproca. Registrar as qualidades do parceiro, escrever uma carta ou trocar elogios pessoalmente em vez de ficar apontando as falhas de forma insistente, são algumas maneiras de fortalecer os relacionamentos.

Já que a adaptação hedônica se caracteriza basicamente pela ausência de novidade, o que os casais devem fazer é justamente combater a mesmice de todos os dias. Infelizmente, a maioria faz justamente o contrário, ou seja, se deixa levar pela rotina da vida, e se esquece de que, assim como precisamos trabalhar diariamente para suprir nossas necessidades, no relacionamento também é preciso um esforço diário para se manter a harmonia e a satisfação do outro, o que também reflete em nossa satisfação. Fazer algo diferente, preparar uma surpresa, participar de atividades empolgantes e ser criativo com atitudes que proporcionem momentos inesperados, também são formas que contribuem para reduzir a rotina e a repetição, além de gerar mais emoções positivas.

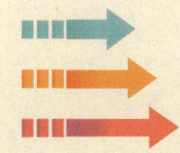

> O esforço, em uma relação, não deve ser somente em "FAZER", mas também em PERCEBER e VALORIZAR.

Isso implica, ainda, que o parceiro perceba e valorize o esforço do outro em agradar e ser gentil, senão as chances de se continuar mantendo esse comportamento por um longo período serão quase nulas. O esforço feminino em se embelezar ou voltar do salão com um novo visual, que não é nem percebido pelo marido, é frustrante, do mesmo modo que o esforço masculino em dar um presente, que nem sempre é o que sua parceira gos-

---

[35] (Lyubomirsky S. , 2013)

ta, ou tentar ajudar na cozinha (mesmo que de forma ineficiente) e não ser valorizado, também é desanimador. Então o esforço, em uma relação, não deve ser somente em "FAZER", mas também em PERCEBER e VALORIZAR. E esqueça o perfeccionismo, pelo menos por alguns momentos.

A adaptação hedônica ensina que mudar para um objeto novo nem sempre é a solução que nos trará a felicidade a longo prazo. Por isso, é importante, antes de tomar atitudes mais radicais nos relacionamentos, que as pessoas tenham em mente que simplesmente trocar de parceiro, ou trocar de emprego para se livrar da monotonia e do tédio, pode não resolver o problema, já que as chances da monotonia se repetir novamente no próximo relacionamento ou no próximo trabalho são muito prováveis.

Alguns dos fatores mais comuns que dificultam um relacionamento acontecem quando: um ou ambos os parceiros criticam constantemente o outro, quando são muito defensivos, quando a pessoa fica dando desculpas o tempo todo, falar ou agir com desprezo, indiferença ou sarcasmo, deixar o outro falando sozinho ou ir embora e agir com rigidez demais a ponto de não aceitar as sugestões do outro (falta de flexibilidade).

Para melhorar o clima, algumas atitudes que pode tornar os relacionamentos ainda mais positivos são a apreciação mútua, a empatia – colocar-se no lugar do outro –, o humor – fazer umas piadinhas, demonstrar afeto e carinho, estar mais presente e mostrar que se importa com o seu par (estar presente de verdade, sem celulares e sem TV)! É importante, ainda, relevar pequenos deslizes do dia a dia e ter uma postura mais benevolente diante das falhas e imperfeições do outro. Aceitar pontos de vista diferentes e buscar oportunidades de se chegar a um acordo comum são também alguns exemplos de interações positivas que podem tornar a relação mais saudável e duradoura, evitando muitos conflitos[36].

À medida que as pessoas se fixam nos aspectos negativos de um relacionamento, ao invés de buscar maximizar os aspectos e as experiências positivas que lhe são proporcionadas, acabam aumentando a probabilidade do outro lhe tratar mal, ou no mínimo, deixar de se esforçar em agradá-las[37].

---

[36] (Gottman & Levenson, 1999)
[37] (Hanson, 2015)

No caso de relacionamentos realmente problemáticos, existem ainda algumas estratégias que podem ajudar as pessoas a encontrar mais alívio e não deixar que as emoções negativas se tornem tão presentes. Uma delas é buscar manter uma rede de apoio, de amigos e familiares – aqueles que realmente vão ajudar, e não aqueles que atrapalham –, pessoas de confiança que possam dar um ombro amigo e amenizar os momentos de tristeza e sofrimento a fim de reduzir o impacto da situação, ajudando--os a pensar.

Outra maneira também sugerida pela literatura é buscar ter um olhar de observador sobre a situação, com um certo distanciamento, a fim de se compreender melhor o problema, sem a influência das emoções que você está vivenciando naquele momento. As pessoas podem usar a empatia para se colocar no lugar do outro, e procurar sentir o que ele ou ela está sentindo a fim de ter uma postura mais justa. No entanto, estar na posição de observador, como se fosse uma terceira pessoa, possibilita à pessoa olhar e analisar a situação como um todo, com todos os outros fatores, diretos ou indiretos, que afetam a relação do casal. Essa é uma forma de encontrar soluções ainda melhores para o problema, o qual, muitas vezes, não está ligado ao comportamento do parceiro, mas sim a outras interferências secundárias.

O amor é uma palavra com um conceito muito amplo, mas, infelizmente, para a maioria das pessoas, está apenas atrelado ao conceito de desejo e intimidade, em razão da influência cultural e midiática em geral. De forma mais abrangente, conforme Fredrickson[38], o amor seria uma espécie de *"ressonância de positividade"*, formada pela união básica de três elementos: o compartilhamento de emoções positivas entre pessoas diferentes, a sincronia biológica entre ambos e, por fim, uma motivação forte em investir no bem-estar do outro. É uma união de preocupação, carinho e compaixão.

Um outro elemento fundamental no relacionamento, que vale na verdade para todos os tipos de relacionamentos, e não apenas os conjugais é o perdão. O perdão é algo que não pode ser deixado de lado quando falamos sobre relacionamentos positivos. É um assunto simples, um ato antigo, mas ao mesmo tempo complexo, pois a intenção é desvinculá-lo da imagem do "perdão religioso", que todos nós aprendemos desde a infância e que, aliás, tem muita relevância. A intenção, aqui, é mostrar o lado "ciência" do perdão, os benefícios que realmente comprovam a efi-

---

[38] (Fredrickson B. L., 2015)

cácia dessa prática na vida emocional das pessoas. Perdoar é uma atitude que provoca mudanças externas, ligadas à pessoa que perdoamos, e internas, ligadas aos nossos sentimentos e emoções.

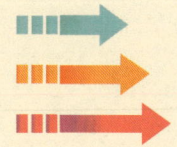

> O perdão é uma forma de evitar que o relacionamento entre em um ciclo vicioso de acusações e ruminações, e tenha uma progressão cada vez maior em direção ao rompimento definitivo.

Lembrando da espiral descendente mencionada anteriormente, o perdão é uma forma de evitar que o relacionamento entre em um ciclo vicioso de acusações e ruminações, e tenha uma progressão cada vez maior em direção ao rompimento definitivo. Perdoar acaba amenizando sentimentos negativos como o ódio, a raiva, o medo, a angústia, além de minimizar a intrusão e o crescimento de pensamentos negativos. A prática do perdão dá espaço a um pensamento mais otimista e generoso, reduzindo os conflitos, fortalecendo e regenerando os vínculos afetivos e melhorando, inclusive, a saúde física dos envolvidos. O único cuidado que deve haver com relação ao perdão é praticá-lo sem critério e repetidamente, sem um bom senso, sobretudo quando o erro é cometido repetidamente, ou quando começa a provocar danos profundos em uma das partes.

Relacionamentos Positivos e a Ocitocina

A oxitocina (ou ocitocina) ficou popularmente conhecida como o hormônio do abraço, em virtude de uma corrente que prega que, à medida que as pessoas se abraçam por um determinado período de tempo, o hormônio acaba sendo estimulado. No entanto, ao contrário do que muitos pensam, não é tão simples assim, e a substância não é liberada somente dessa forma. Mais conhecida como hormônio do amor ou também da amamentação, a oxitocina está envolvida não apenas com o processo de reprodução humana, mas também com a redução dos níveis de estresse e aumento da satisfação. Alguns testes mostraram que o nível de oxitocina no cérebro aumenta ao encontrarmos uma pessoa confiável[39]. Esse hormônio atua como um neurotransmissor que envia sinais ao cérebro por meio da corrente sanguínea.

---

[39] (Costa & Garattoni, 2011)

A oxitocina tem sido extensamente estudada no mundo científico. É um hormônio que está diretamente ligado a outros hormônios do bem-estar, como a serotonina e a dopamina, ambos ligados ao nosso estado de humor. Segundo estudiosos[40], a oxitocina vai muito além do simples benefício biológico. Ela está ligada à empatia humana, fazendo com que as pessoas reconheçam situações ou pessoas que lhe inspirem confiança. Isso, por sua vez, reduz o sentimento de ansiedade diante do desconhecido e proporciona relações de mais proximidade e confiança. À medida que a oxitocina estimula a empatia, fazendo com que as pessoas compreendam melhor os sentimentos do outro, isso favorece atitudes sociais positivas, como a demonstração de compaixão, de generosidade, de afeto e também de moralidade, estimulando o comportamento de bondade, altruísmo e solidariedade.

É por essa razão que os estudos afirmam que níveis altos de estresse bloqueiam a liberação de oxitocina, tendo em vista que o objetivo dos hormônios do estresse é justamente nos preparar para alguma situação de perigo e ameaça, e nesse caso, a oxitocina seria um obstáculo para a nossa sobrevivência. No entanto, isso demonstra que, ao ficarmos estressados, será mais difícil fazer atos de bondade com o próximo. Daí a dificuldade, tanto biológica como psicológica, de fazer com que pessoas que estão sempre sob o domínio da negatividade e do estresse adotem atitudes mais positivas. A fisiologia ligada à negatividade dificulta a adoção de comportamentos bons. É por isso que alguém que está envolvido pela raiva, medo, ansiedade ou tristeza dificilmente conseguirá olhar e compreender os sentimentos do outro (empatia), sensibilizar-se com a dor alheia (compaixão) ou tentar ajudar o outro de alguma forma. Resumindo: se você quer ser uma pessoa melhor, precisa mudar imediatamente a qualidade dos seus pensamentos a fim de gerar melhores emoções e, consequentemente, melhores comportamentos[41].

A oxitocina, por estar associada à capacidade de ligação e confiança, promove um equilíbrio entre o "eu" e o "outro", tornando-nos menos egoístas. O fato de estimular a confiança é uma característica que possibilitou que a oxitocina fosse associada até mesmo com uma maior prosperidade nos negócios, tendo em vista que, comercialmente falando, uma empresa que ganha a confiança de seus clientes tende a aumentar a fidelidade deles no consumo de seus produtos. Isso mostra o quanto a

---
[40] (Zak, 2012)
[41] (Fredrickson B. L., 2015)

oxitocina pode influenciar os mais diferentes tipos de relacionamentos sociais, desde aqueles do âmbito afetivo até os meramente comerciais.

Barbara Fredrickson revela que, três elementos biológicos básicos colaboram para criar e manter a união entre as pessoas: o cérebro, a oxitocina e o nervo vago. A oxitocina estimula o apego e as ligações sociais, contribuindo, ainda, para aumentar a confidencialidade entre os indivíduos, a ponto deles compartilharem segredos e informações particulares. Além disso, a oxitocina exerce um efeito "calmante" sobre a amígdala (região do cérebro ligada à ativação de hormônios estressores), o que faz com que haja menos liberação de cortisol no sangue. Isso quer dizer que a oxitocina reduz, fisiologicamente, o estímulo às emoções negativas, ampliando o efeito da positividade, tanto no corpo como na mente, promovendo uma sensação de calma e serenidade. Ao acalmar os medos e reduzir situações de estresse, ela favorece a conexão e receptividade entre as pessoas. Por conseguinte, isso faz com que a pessoa emita sinais sutis, tanto verbais como não-verbais, mais amigáveis e abertos, em vez de gerar uma fisionomia de medo e desconfiança.

A oxitocina atua, ainda, estimulando o nervo vago (nervo que conecta o cérebro ao coração), e isso contribui para acelerar ou desacelerar os batimentos cardíacos. O nível do tônus do nervo vagal colabora para a regulação de uma série de outros processos internos do corpo, além de influenciar a atenção, emoções e comportamentos das pessoas. É por isso que exercícios mentais e treinamentos realizados com nossas emoções, ao longo do tempo, podem mudar a forma como interpretamos o mundo e como nos comportamos, melhorando as habilidades emocionais, sociais e o nível geral de bem-estar.

Amizades Positivas

A maioria dos estudos sobre relacionamentos positivos tem um enfoque maior nos relacionamentos amorosos do que nos relacionamentos familiares e de amigos. Na verdade, é uma pena, tendo em vista que pais, filhos, parentes ou amigos desempenham papéis muito importantes, sendo às vezes até mais próximos do que um cônjuge.

No entanto, alguns estudos já comprovaram que a maior vantagem dos vínculos familiares e de amizade é o fato das pessoas saberem que têm alguém em quem confiar, e poder contar com essa pessoa em momentos difíceis. Isso acaba reduzindo o nível de estresse e a vulnerabilidade a alguns distúrbios psicológicos, além de contribuir para a felicidade e o bem-estar. Assim, a amizade é um fator fundamental para aumentar a resiliência, auxiliando a pessoa a se recuperar das adversidades da vida. Vínculos de amizade fortes também estão ligados à habilidade de apego e de confiança[42].

A positividade tem um impacto direto nos relacionamentos, e vice-versa. Em primeiro lugar, assim como pessoas negativas podem deixar as pessoas ao seu redor se sentirem mal, de forma inversa, pessoas positivas contagiam os outros com ânimo e bom humor. Soma-se a isso o fato de que, pessoas bem-humoradas e felizes acabam se tornando mais atraentes sob o olhar dos outros, e tendem a chamar mais a atenção de futuros parceiros, além de ter mais facilidade em fazer amizades.

No ambiente de trabalho, a positividade é fundamental para manter um clima mais agradável, ainda mais quando as atividades a serem realizadas são penosas ou quando, dentro do grupo existe um chefe difícil de tolerar. Eu costumo dizer que as pessoas podem até tolerar um "trabalho chato", mas o mais difícil, mesmo, é tolerar "gente chata" todo dia. Relacionamentos positivos acabam amenizando as mazelas do trabalho, além de possibilitarem que as pessoas se apoiem mutuamente, troquem ideias e tenham mais entusiasmo no trabalho.

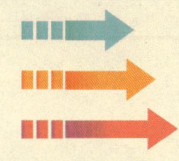

> Amizades sinceras exigem que as pessoas sejam autênticas, mas para isso, é preciso que aceitem que o outro seja como ele é.

As pessoas geralmente não gostam de fazer amizade com gente rancorosa e de cara amarrada. Isso é muito fácil de ser observado nas crianças. Quando lembramos da época em que frequentávamos a escola, sempre havia algum coleguinha mais popular na sala, com quem todos as outras crianças queriam brincar e ficar próximas, enquanto que crianças mais tristes ou agressivas tinham a tendência de ficar mais isoladas. Pois é, isso também acontece na vida adulta, da mesma forma. Não só a alegria, mas também outras atitudes positivas, como a gratidão pelos outros e o reconhecimento, são atos que fortalecem a conexão[43].

---

[42] (Lakey, 2014)
[43] (Fredrickson B. L., 2009)

Saber ouvir, de forma atenta, é o primeiro passo para a construção de laços de amizade. A sinceridade, a gentileza e a parceria também são elementos que fortalecem os vínculos entre amigos. Amizades sinceras exigem que as pessoas sejam autênticas, mas para isso, é preciso que elas aceitem que o outro seja como ele é. Caso contrário, as pessoas podem começar a criar máscaras e se distanciar cada vez mais do grupo, por não se sentirem mais à vontade em se expressar de forma espontânea e aberta. Para se manter a sinceridade e autenticidade, é preciso que as pessoas sejam tolerantes e aceitem ouvir sugestões.

A compaixão e a generosidade são bases fortes entre as pessoas. Estar presente nos momentos difíceis do outro, consolar, compartilhar a dor e oferecer ajuda são atitudes que aumentam a cumplicidade e a confiança. Ser empático é uma qualidade essencial para que as pessoas consigam realmente perceber o sofrimento do outro. Celebrar conquistas e vitórias, também não podem passar desapercebidas, já que amigos devem estar presentes tanto nos momentos de tristeza como nos de alegria.

Para manter relacionamentos positivos é preciso ter tempo suficiente a fim de que o vínculo seja mantido. A constância é algo necessário para o sucesso em qualquer esfera da vida, seja nos estudos, no trabalho ou nos relacionamentos, tanto nos amorosos, como nas amizades. Evitar fofocas ou traições, saber pedir desculpas quando algo vai mal, é imprescindível, e, por fim, saber agradecer ao outro pela atenção, pelos favores, pela cumplicidade é o mínimo que se pode fazer para retribuir e manter vivos os laços de amizade por um tempo mais duradouro.

Capítulo **6**

Engajamento

Forças de Caráter

De acordo com Martin Seligman[44], a prática e o desenvolvimento saudável das forças e virtudes humanas é a chave para um vida boa, gratificante e feliz, tanto no trabalho como nos relacionamentos. O estudo das forças de caráter surgiu, na verdade, a partir da união de dois grandes pesquisadores da Psicologia Positiva, Christopher Peterson e Martin Seligman. Eles se juntaram no sentido de descobrir quais seriam as virtudes humanas mais valorizadas do ponto de vista histórico, religioso, filosófico e cultural a fim de catalogar as qualidades que fossem mais comuns ao redor do mundo.

Um dos motivos que levou Seligman a realizar esse estudo foi o fato de ele ter percebido que existe, dentro da Psicologia, há muitos anos, um grande manual que lista as mais diferentes categorias de transtornos bem como os critérios para diagnóstico de doenças mentais, o DSM (Manual Diagnóstico e Estatístico de Transtornos Mentais – *Diagnostic and Statistical Manual of Mental Disorders*. No entanto, ele verificou que ainda não havia nenhum catálogo que explicasse, de forma detalhada, as forças e qualidades que contribuiriam para a saúde e o bem-estar do ser humano, ou seja, um Manual da "sanidade" humana.

O que Seligman questionava, na época, era que o DSM estava mais voltado para a **doença** mental do que para a **saúde** mental, e por isso, havia a necessidade de se criar um sistema de classificação e medição das forças humanas e catalogar isso no mesmo estilo, de forma séria e científica, tendo em vista que conhecer o lado positivo do ser humano tem o mesmo grau de importância e cientificidade que conhecer as patologias.

Iniciou-se, então, uma pesquisa extensa, que se estendeu ao longo de três anos, envolvendo 55 cientistas, com um orçamento aproximado de um milhão de dólares, a fim de alcançar algo com a profundidade e magnitude suficiente para se obter a credibilidade do meio científico, com dados que fossem uniformes e aplicáveis para pessoas de qualquer origem e nacionalidade. As pesquisas foram realizadas nas mais diversas culturas, países e religiões, justamente para que fosse possível utilizar algo comum a todos os povos, e não apenas a determinadas culturas. A pesquisa incluiu religiões como o budismo, confucionismo, judaísmo, cristianismo, islamismo, bem como textos filosóficos e costumes de mais de 52 países do mundo.

---

[44] (Seligman, 2002)

A partir dessa união e de uma pesquisa bastante ampla nos mais diversos tipos de fontes documentais, livros, revistas, jornais, bem como nas mais diversas culturas e doutrinas, surge então o VIA-IS – *Values in Action Inventory of Strenghts*, onde foram catalogadas as 24 forças mais comuns no ser humano, organizadas sob seis grandes grupos de virtudes humanas: 1 - sabedoria e conhecimento, 2 - coragem, 3 - humanidade, 4 - justiça, 5 - temperança e 6 - transcendência. Segue uma relação sinóptica das 24 forças pesquisadas e compiladas no Manual de Classificação das Virtudes e Forças de Caráter:

SABEDORIA E CONHECIMENTO
Qualidades cognitivas que implicam aquisição e uso do conhecimento.

- **Criatividade [originalidade]:** Pensar em formas inovadoras, diferentes e produtivas de conceituar, criar e fazer as coisas; inclui realizações artísticas, mas não se limita a ela. Caracterizado por um pensamento aberto e flexível, desejo de inventar, inovar, reformar ou reutilizar objetos já existentes.

- **Curiosidade [interesse, busca pela novidade, abertura à experiência]:** Interessar-se por novas experiências; explorar e descobrir; fascinar-se por todos assuntos e tópicos, descobrir como as coisas funcionam, encontrar o que há de novo e diferente. Caracteriza-se tanto por um desejo de explorar coisas quanto pessoas, busca de experiências diferentes, desafios, aventuras e variedade.

- **Critério [pensamento crítico]:** Refletir sobre as coisas e examiná-las a partir de todos os ângulos; não tirar conclusões precipitadas; ser capaz de mudar de opinião devido às evidências; ponderar e refletir sobre todas as evidências e argumentos. Analisar todo o contexto antes de tomar uma decisão.

- **Amor ao aprendizado:** Dominar novas habilidades, tópicos do conhecimento, seja por conta própria ou formalmente, demonstrar vontade de aprender. Valorizar o aprendizado e motivar, intrinsecamente, a busca do conhecimento.

- **Perspectiva [sabedoria]:** Ser capaz de dar conselhos sábios aos outros; conseguir olhar para o mundo de uma forma que faz sentido para si e para os outros, uma mistura do conhecimento com a experiência de vida. É a capacidade de ouvir as pessoas e olhar as coisas de modo multidimensional.

CORAGEM
Inclui qualidades emocionais que envolvem a vontade de atingir objetivos diante da oposição externa e interna.

- **Bravura [valentia]:** Não recuar diante de ameaças, desafios, dificuldades ou sofrimentos. Arriscar-se diante do perigo, aceitar desafios, salvar alguém, domar animais selvagens, enfrentar alguém poderoso. É a habilidade de defender aquilo que é certo, mesmo que haja oposição. Inclui bravura física, mas não se limita a ela, pois pode estar ligada tanto a um risco físico como emocional, financeiro, profissional, intelectual ou social.

- **Perseverança [persistência, diligência]:** Terminar o que se começou; persistir em um plano de ação, apesar dos obstáculos; ir até o fim e sentir prazer em completar as tarefas, com determinação e força de vontade. É caracterizado pelo ato de não desistir, apesar da frustração, e manter-se firme e constante mesmo diante dos problemas, fracassos e dificuldades.

- **Integridade [honestidade]:** Falar a verdade e apresentar-se de forma genuína. Agir com sinceridade; assumir a responsabilidade por seus sentimentos e ações. É caracterizada pela verdade, pela honra, pela moral e pela sinceridade de palavras e ações, independentemente da conduta das outras pessoas ao redor.

- **Vitalidade [entusiasmo, vigor, energia]:** Encarar a vida com entusiasmo e energia; ter disposição, sentindo-se vivo e ativo. É agir de forma prestativa, com alto-astral, carisma, alegria, otimismo e muita força de vontade.

HUMANIDADE
Qualidades interpessoais que envolvem o cuidado com os outros e amizades com outras pessoas.

- **Amor:** Valorizar relacionamentos íntimos, tanto entre casais, quanto pais e filhos, irmãos etc., especialmente aqueles nos quais há solidariedade e cuidado mútuo; demonstrar carinho, cuidado e estar próximo das pessoas. É caracterizado pelo ato de acolher, apoiar, demonstrar compaixão e ouvir as pessoas, buscando fazer o bem aos outros de alguma forma. É a capacidade tanto de amar como de ser amado.

- **Generosidade [gentileza, compaixão]:** Fazer favores e boas ações para os outros; ajudá-los, cuidar e se preocupar com alguém, doar-se, ser bom, querer fazer o bem. Caracterizado pela empatia, altruísmo, bondade e solidariedade.

- **Inteligência social [inteligência emocional, inteligência pessoal]:** Estar ciente dos próprios sentimentos e motivações, bem como dos outros; saber como agir em diferentes situações sociais, gerenciar relacionamentos; compreender o que os outros gostam e agir de forma inteligente socialmente. É a habilidade de compreender, interagir, influenciar e se relacionar com os outros, formando e mantendo amizades.

JUSTIÇA
Qualidades cívicas que estão por trás de uma vida saudável em comunidade.

- **Trabalho em equipe [cidadania, responsabilidade social, lealdade]:** Trabalhar bem como membro de uma equipe, ser proativo, encorajar a união; ser leal ao grupo; fazer a sua parte, buscando o bem de todos. Também envolve a realização de esforços coletivos no sentido da comunicação, do planejamento e da execução de tarefas.

- **Justiça:** Tratar todas as pessoas seguindo as mesmas regras de imparcialidade e justiça; dar a todos uma chance justa. Envolve a noção de certo e errado, de empatia e de moralidade, abrangendo o cumprimento de regras e leis, com a manutenção de uma sociedade e de um grupo onde todos fiquem satisfeitos e sejam tratados de forma igual.

- **Liderança:** Organizar e estimular um grupo a fazer as coisas de forma conjunta, ao mesmo tempo, manter boas relações com todos; organizar atividades em grupo e acompanhar a sua realização. Capacidade de manter o grupo coeso, funcionando em harmonia, ao mesmo tempo que organiza o trabalho, dirigindo e direcionando, tomando decisões necessárias para o progresso de todos, motivando e inspirando pessoas.

TEMPERANÇA
Qualidades que protegem contra excessos de desejos e da gratificação imediata.

- **Perdão:** Perdoar os que erraram; aceitar as falhas dos outros; dar uma segunda chance a todos; não ser vingativo. É o ato de esquecer algo ou alguém que lhe fez algo ruim no passado, substituindo as emoções negativas do rancor, da raiva, da tristeza por sentimentos de tolerância e compaixão.

- **Humildade:** Deixar que as suas realizações falem por si; não se exibir, nem considerar a si mesmo como melhor que os outros. Valorizam os outros e por isso querer aprender com outras pessoas ao invés de mostrar que sabe tudo. É estar aberto a novas ideias e ser flexível a ponto de aceitar seus erros e suas fraquezas.

- **Prudência:** Ser cuidadoso em relação às próprias escolhas; não correr riscos indevidos; não dizer ou fazer algo do qual pode se arrepender depois. É a habilidade de saber esperar e abrir mão de objetivos de curto prazo para obter algo melhor a longo prazo.

- **Autocontrole [autorregulação]:** Ter a capacidade de regular suas ações, comportamentos e sentimentos; ter disciplina; controlar desejos e emoções. É a habilidade de resistir diante de desejos e impulsos e adiar a gratificação para depois, ou então, contê-la dentro de certos limites, do limite da moderação, do saudável, separando a vontade da ação.

TRANSCENDÊNCIA

Qualidades que fazem com que haja conexões com o Universo, com valores mais amplos e significativos que dão sentido à vida

- **Apreciação da beleza [admiração, elevação]:** Observar e apreciar a beleza, a excelência e o desempenho habilidoso em vários domínios da vida, podendo incluir desde a arte até o alto desempenho em uma atividade. É caracterizada pela admiração a algo maior, seja uma habilidade, um talento ou a beleza, assim como pela busca da excelência.

- **Gratidão:** Ter a capacidade de perceber e agradecer as coisas boas que lhe acontecem, bem como agradecer e reconhecer o trabalho dos outros. Refere-se tanto ao agradecimento por bens materiais ou imateriais, coisas ou pessoas. Envolve o reconhecimento e a valorização do outro, e a reflexão sobre as benesses da vida.

- **Esperança [otimismo]:** Está intimamente relacionada ao otimismo, pelo fato de ser uma característica que faz com que se espere algo melhor no futuro. Esperar o melhor e trabalhar para atingi-lo; recuperar o vigor e a força diante das dificuldades, acreditando que algo melhor pode acontecer no futuro.

- **Humor:** Gostar de rir e fazer brincadeiras até de si próprio; capacidade de fazer os outros sorrirem; conduzir a vida com leveza e bom humor e alegrar a vida de outras pessoas também. O humor pode ser expresso de várias formas, seja por meio de palavras, histórias, gestos e movimentos faciais ou de outros membros do corpo.

- **Espiritualidade [fé, propósito]:** É a força mais sublime do ser humano, que faz com que as pessoas busquem o significado mais profundo da vida. Acreditar em algo maior ligado ao Universo, a um propósito maior; ter crenças sobre o sentido da vida, seguir alguma filosofia ou doutrina religiosa, as quais irão moldar a sua conduta e seus comportamentos no mundo.

É importante compreender algumas diferenças sutis entre virtudes e forças. As virtudes são características valorizadas universalmente por seu aspecto moral. Geralmente são estudadas por pensadores, filósofos e religiosos em geral. As forças de caráter são traços de personalidade por onde manifestamos e praticamos essas virtudes, incluindo, muitas vezes, a presença de valores morais. As virtudes são características multidimensionais e são desenvolvidas por meio de hábitos ligados à cognição, afeto e comportamento. As forças de caráter estão diretamente ligadas às virtudes humanas pelo fato de que, à medida que elas são praticadas, se transformam em uma característica daquela pessoa, até atingir um grau em que aquelas características e hábitos tornam-se algo automático. A pessoa que tem um caráter bom, busca fazer o seu melhor, agir virtuosamente e estabelecer uma harmonia entre o desejo e o dever[45].

As forças de caráter têm algumas características. Primeiramente, elas são um traço, que é plural e multidimensional, ou seja, a personalidade é formada por uma combinação de várias forças que fazem com que cada pessoa seja única, logo, não é apenas uma força que define uma pessoa, mas sim o conjunto delas. As forças são estáveis, mas também podem ser desenvolvidas e aprimoradas. O uso das forças não diminui outras pessoas ao redor, e produzem gratificação para quem usa[46].

As pessoas podem expressar suas forças na sua própria maneira de ser como naquilo que elas fazem, nas funções que realizam no dia a dia, na maneira como interpretam os fatos e como agem no mundo. Além disso, as forças podem ser expressas em maior ou menor intensidade em alguns contextos ou situações, assim como podem ser *subutilizadas* ou *superutilizadas*, cabendo ao indivíduo buscar a dose ideal para que não haja um desequilíbrio. As forças também podem ser medidas por meio de instrumentos calibrados e validados.[47]

O ideal é que as pessoas possam identificar o nível de utilização das forças no seu dia a dia, a fim de que possam usá-las no nível ótimo e com equilíbrio. Vamos dar um exemplo: a força do HUMOR. Usar um pouco de humor nos relacionamentos, no trabalho e na rotina da vida ajuda a aliviar o estresse e a tornar os ambientes em que vivemos muito mais agradáveis. No entanto, pessoas que abusam dessa característica podem acabar sendo inconvenientes em seus grupos ou em determinados momentos no trabalho, como por exemplo, quando a situação exige mais seriedade. Por outro lado, pessoas que têm um nível baixo de humor podem se tornar de difícil convivência no dia a dia, estressadas, tristes, mal--humoradas, além de estarem mais vulneráveis aos transtornos psicológicos, como a depressão, por exemplo, quando existe essa deficiência.

Outro exemplo que podemos dar é a PERSISTÊNCIA. Aqueles que têm uma deficiência nessa força são pessoas que desistem facilmente de seus objetivos e muitas vezes podem ter uma forma pessimista de pensar

---

[45] (Lopez, 2009)
[46] (Peterson & Seligman, 2004)
[47] (Niemec, 2014)

diante do menor obstáculo. Ao contrário, pessoas com essa força em excesso tendem à obstinação, à teimosia e a um pensamento fechado, correndo o risco de ter grandes prejuízos em razão da rigidez no modo de pensar e agir.

A partir disso, verifica-se como essa temática das forças de caráter pode ser explorada nas mais diversas formas, tanto pela própria pessoa, como pelos profissionais de psicologia, *coaches*, assim como nas organizações e ambientes de trabalho. O teste VIA já foi realizado por mais de cinco milhões de pessoas, e em mais de 190 países – até o momento em que esse livro estava sendo escrito.

As aplicações são vastas, desde treinamentos em todos os níveis hierárquicos de uma empresa, no campo do desenvolvimento pessoal, na reabilitação de jovens infratores, em trabalhos especializados com idosos ou deficientes físicos, até a tradicional psicologia clínica, onde o VIA pode até ser utilizado como um complemento alternativo do DSM, a fim de se compreender melhor o impacto disso em alguns transtornos psicológicos como a ausência, oposição ou excesso do uso de algumas forças de caráter.[48]

As forças de caráter representam aquilo de melhor que as pessoas têm dentro de si, e aparecem em diversas situações de nossas vidas. Além disso, ao usarmos as forças, criamos mais motivação para desenvolver outras qualidades positivas, pois elas criam um senso de autenticidade e nos energizam. É importante que as pessoas descubram quais são as suas forças de assinatura, as chamadas Top 5, que são as primeiras cinco obtidas no teste VIA, e que simbolizam aquilo de mais marcante na sua personalidade e na sua identidade.

Pessoas que usam suas forças têm mais energia e confiança no que fazem, sentem-se mais felizes, satisfeitas, autênticas e completas, além de estarem mais motivadas diante de tarefas e trabalhos que coincidem com suas forças naturais, tendo assim maior concentração, produtividade, engajamento e força de vontade. O valor disso pode ter um impacto imenso nas organizações, nos ambientes de trabalho, onde uma das maiores reclamações é justamente a dificuldade de tornar funcionários mais engajados no trabalho. Pesquisas revelam que pessoas que utilizam suas forças todos os dias tendem a ser seis vezes mais engajadas em seu trabalho e a ter um nível três vezes mais elevado de satisfação com a vida[49].

---

[48] (Peterson & Seligman, 2004)
[49] (Rath, 2015)

No campo da educação, trabalhar as forças de caráter e ajudar o aluno a utilizá-las nos trabalhos escolares pode colaborar de forma imensurável no desempenho escolar, no aprendizado, sobretudo em conteúdos que tenham relação com essas forças e na forma como o conteúdo é apresentado ao aluno, no aumento da atenção e da concentração em sala de aula e na criação de uma imagem mais positiva da escola e dos estudos na mente do estudante.

A partir disso, fica mais fácil entender o motivo pelo qual Seligman incluiu as forças de caráter e o *flow* na categoria "engajamento" da teoria PERMA. O fato das pessoas associarem suas forças às atividades normais que realizam no dia a dia tende a promover um envolvimento maior no trabalho do que quando elas não são capazes de utilizar essas forças. Quando isso ocorre, elas podem passar horas envolvidas e entretidas, entrando em um estado de *"flow"* (fluxo) com a tarefa a ponto de nem perceberem o tempo passar, mas mantendo alto nível de motivação na atividade, por horas e horas. Se isso acontecesse com mais frequência nos ambientes de trabalho, certamente não haveria, hoje, tantas pessoas insatisfeitas, achando que a única solução é largar seus empregos e buscar algo melhor. Na verdade, a solução pode ser muito mais simples do que isso, como por exemplo, uma mera mudança na função desempenhada, ou a utilização de algumas das forças no próprio trabalho.

CLIFTON STRENGTHSFINDER - Outro instrumento bastante utilizado e aplicado em mais de 100 países do mundo, desde escolas até organizações, é o Clifton StrengthsFinder, desenvolvido por Donald O. Clifton e pelas Organizações Gallup a partir de uma série de entrevistas realizadas ao longo de 40 anos, com mais de dois milhões de pessoas, de 18 línguas diferentes. Segundo eles, as pessoas têm muito mais potencial de crescimento e desenvolvimento quando investem tempo e energia em aprimorar suas forças do que ao tentar corrigir e melhorar seus pontos fracos. Isso foi comprovado pelos resultados de uma de suas pesquisas, em que se observou que, quando gerentes ou líderes colocam todo o foco em corrigir as fraquezas do funcionário, há 22% de chance dele se sentir desmotivado, enquanto que, quando eles focam nos pontos fortes, existe apenas 1% de chance do funcionário se desmotivar[50].

---

[50] (Rath T., 2007)

Isso é um dado de grande valor que contraria grande parte dos métodos utilizados hoje pelas empresas para aumentar o desempenho da equipe, mostrando que, da mesma forma que nós nos sentimos desconfortáveis quando alguém aponta nosso defeito, de modo oposto, ficamos mais felizes quando somos lembrados pelas nossas capacidades. A maioria das empresas busca fazer com que o funcionário se adapte e se adeque às funções e tarefas, aprendendo a desempenhar um papel que não é para ele, em vez de fazer com que as funções sejam adaptadas às suas habilidades naturais. O mesmo ocorre em escolas, onde a maioria dos pais e professores dão atenção às notas mais baixas esquecendo-se de investir tempo e energia nas matérias em que o aluno se destaca.

Segundo a Gallup, das dez milhões de pessoas entrevistadas em suas pesquisas, a grande maioria, cerca de sete milhões, diziam não ter a oportunidade de focar naquilo que elas fazem bem. Além disso, pessoas que não têm a chance de usar e aproveitar suas forças pessoais no trabalho, possuem uma maior probabilidade de ter relacionamentos negativos com os colegas, tratar mal seus clientes, falar mal da empresa, alcançar menos metas e ter menos momentos positivos e criativos, enquanto que, do contrário, a pessoa que tem a chance de fazer uso dessas forças acaba melhorando sua confiança, esperança e sendo mais gentil com as pessoas[51].

O Clifton StrengthsFinder, que hoje é conhecido por Strengths Finder 2.0 por oferecer um resultado ainda mais personalizado, possui alguns diferenciais com relação ao VIA, sobretudo pelo fato de ter alguns itens mais voltados para o ambiente organizacional. Além disso, apesar do teste ter sido construído com o fim de medir "talentos", o objetivo final é fazer com que as pessoas possam construir suas forças, ou pontos fortes, tendo em vista que o **talento** é apenas um dos elementos que compõem a força, com outros dois: o **conhecimento** e as **competências**. Por isso, a abordagem se diferencia com relação aos conceitos, diferenciando *talentos*, *competências*, ou habilidades, e *conhecimento*, três componentes que, juntos, formam os pontos fortes, levando a pessoa a um alto nível de desempenho.

---

[51] (Rath T. , 2007)

Figura 3 - Elementos dos pontos fortes, de acordo com o Clifton StrengthsFinder®

Os talentos seriam como traços, ou seja, é a forma como você pensa, sente ou se comporta, e o que faz uma pessoa ser altamente produtiva em algo específico. Eles podem ser evidenciados desde a infância e pouco mudam ao longo da vida, sendo algo relativamente estável. Por essa razão, as pessoas bem-sucedidas em algo específico já começam com alguns talentos dominantes próprios delas, e com o passar dos anos, vão aprimorando ainda mais, acrescentando conhecimento, competências e muita prática. Com relação às *competências*, estas seriam habilidades em realizar tarefas que são aprendidas ao longo da vida, o que exige muita prática, obviamente. E por fim, o *conhecimento* seria a compreensão de fatos e princípios por meio da experiência de vida ou da educação. A união de tudo isso resulta nos pontos fortes, que nada mais são do que uma combinação única de talentos, conhecimentos e competências que cada um tem dentro de si, e que fazem com que a pessoa tenha um desempenho excelente em tarefas específicas[52].

Segundo a Gallup, pessoas que usam seus pontos fortes seriam seis vezes mais propensas a estarem engajadas em seu trabalho. Além disso, elas acabam sendo mais produtivas individualmente ou em grupo, ganhando até três vezes mais qualidade de vida.[53] Dessa forma, ao contrário da frase: "Você pode ser o que quiser, desde que você se esforce", eles afirmam que a forma correta seria: "Você não pode ser o que quiser, mas você pode ser muito mais do que você já é". Isso reforça a ideia de que a

---

[52] (Snyder & Lopez, 2009)
[53] https://www.gallupstrengthscenter.com

chave do desenvolvimento humano é focar naquilo que a pessoa já tem de melhor naturalmente.

Mas aí vem a grande pergunta: e como ficam os pontos fracos? Simplesmente esquecemos deles? Não. Nem todas as coisas que não gostamos de fazer ou para as quais não temos o talento ideal podem ser dispensadas, pois fazem parte da nossa rotina. O simples fato de, por meio do teste, a pessoa tomar consciência de seus talentos mais fracos já é uma forma de fazê-la prestar mais atenção a isso. Se você se encontra em uma situação em que não é possível deixar de fazer aquilo que não gosta, a dica é, pelo menos, tentar adicionar ao seu trabalho atividades nas quais você possa empregar as suas forças ou talentos. Outra dica é fazer parcerias ou acordos com pessoas que são fortes naqueles talentos que você tem mais deficiência. O ser humano não tem como dominar todas as áreas, e essa é uma razão a mais para estimular a colaboração entre pessoas de talentos diferentes, possibilitando que cada um atue naquilo que faz melhor, de forma que todos sejam beneficiados, levando ao famoso jargão: "Juntos somos mais fortes!"

Ponto fraco está ligado àquelas atividades que, mesmo sendo realizadas de forma competente e com boa remuneração, nos deixam esgotados ao final do dia. Já o ponto forte é tudo aquilo que fazemos, que nos deixa energizados e animados, desde a mera expectativa em começar a fazer até depois de terminada a tarefa. O ponto forte está ligado aos nossos instintos, à necessidade, ao crescimento e ao sucesso da atividade. Segundo Buckingham, a melhor forma de lidarmos com nossos pontos fracos é tentar neutralizá-los, balanceando com atividades em que possamos empregar nossos pontos fortes. Ele afirma que, à medida que as pessoas se aprimoram e se concentram em seus pontos fortes, elas não apenas neutralizam seus pontos fracos, como também os tornam menos significantes. O autor revela que, apesar de ser necessário realizarmos tarefas que muitas vezes não gostamos ou nas quais não somos tão hábeis, é importante que as pessoas saibam que dificilmente elas conseguirão melhorar seus pontos fracos. O máximo que se pode conseguir é chegar a um certo nível de aperfeiçoamento, mas mesmo assim, dificilmente a pessoa alcançará a maestria, como acontece com seus talentos inatos. Na verdade, aqueles que focam excessivamente em melhorar seus pontos fracos podem acabar se desgastando e se frustrando ainda mais, perdendo a confiança sobre outros atributos que elas poderiam oferecer de forma bem melhor[54].

Mas muitos perguntam: então, se eu não tiver um ponto forte relativo a uma atividade específica, quer dizer que eu nunca poderei realizar essa atividade, mesmo que goste muito? Buckingham afirma que, muitas vezes, apesar de gostarmos muito de fazer algo, se a pessoa não tiver o talento específico, mesmo que ela pratique repetidamente, dificilmente ela se tornará habilidosa naquilo, por maior que seja o esforço investido. O que ele sugere é que as pessoas façam essas atividades como um *hobbie*, e não como sua atividade principal, pois elas estarão correndo um sério risco de, no futuro, não conseguirem alcançar o que buscam. Além disso, alguns indivíduos às vezes confundem o "gostar" de uma atividade ou profissão, com o salário, prestígio, *status* e benefícios que podem ser desfrutados por meio dela, em longo prazo. Desse modo, muitos acabam fazendo escolhas erradas, pelo fato de não gostarem da atividade em si, mas sim dos resultados que poderiam advir dela.

Após diversos ajustes, hoje o Clifton StrengthsFinder está disponível em diversas línguas, sendo composto por 180 itens, ligados a 34 temas comuns que irão definir os principais talentos de uma pessoa, sendo que cada item deve ser respondido em um tempo já previamente delimitado de apenas 20 segundos. O tempo curto para responder cada item tem como intuito prevenir que a pessoa tente racionalizar as suas respostas, mas sim que o faça de forma mais instintiva e espontânea, revelando, assim, de forma mais precisa, seus talentos, sem interferências. Entre os diversos temas do teste, de acordo com um relatório da Gallup, os cinco talentos mais comumente presentes na população seriam: o futurista (capacidade visionária do ser humano); maximizador (ligado ao aspecto da excelência) organizador (ligado ao gerenciamento de atividades); ideação (ligado à criatividade); e estratégico.

REALIZE2 - Outro teste elaborado com diferentes construtos, mas que também mede o perfil ligado às forças, e que ampliou ainda mais o rol de forças para aproximadamente o número de 60, é o *Realize2*, criado por Alex Linley e seus colegas. O teste vem com o intuito de preencher as lacunas e limitações das outras intervenções mais conhecidas. O nome Realize2 vem do objetivo duplo do teste, que é perceber as

---

[54] (Buckingham, 2013)

forças pessoais e direcioná-las para que sejam realizadas e concretizadas na prática.

Esse instrumento busca acessar as forças de uma pessoa levando em consideração quatro fatores, distribuídos em um quadrante. A partir daí, avalia-se o desempenho decorrente do uso da força, o nível de energia promovida por ela ao ser utilizada, e a aplicação efetiva da força, na prática. De forma simplificada, os fatores analisados seriam os seguintes:

- Forças que já estão sendo utilizadas – alta performance e alta energia
- Forças que não estão sendo utilizadas – alta performance e energia, mas pouco uso
- Comportamentos aprendidos – alta performance e baixa energia
- Fraquezas (ou pontos fracos) – baixa performance e baixa energia

Essa abordagem destaca a natureza energética das forças como sua marca registrada, já que a sua utilização promove experiências de fluxo para o indivíduo e acaba sendo psicologicamente energizante, por si só. O teste também possibilita que as pessoas percebam não só suas forças como suas fraquezas, e que criem um plano de ação para maximizar o efeito dessas forças e minimizar o impacto dos pontos fracos. As fraquezas, segundo os criadores do teste, são relevantes e devem ser identificadas para que possam ser desenvolvidas até um nível bom o suficiente que não crie obstáculos para o uso das forças.[55]

"FLOW"

A Teoria de Mihaly Csikszentmihalyi

"É impossível que ocorram grandes transformações e avanços no destino da humanidade se não houver uma grande mudança no seu modo de pensar."

– *John Stuart Mill*

---

[55] (Linley, 2008)

Falar sobre essa temática sem mergulhar profundamente nos estudos realizados pelo criador desse termo, Mihaly Csikszentmihalyi, seria o mesmo que entregar um conteúdo superficial e incompleto ao leitor. Por isso, será realizada uma abordagem mais aprofundada do assunto.

Apesar de ter aprendido os conceitos e a teoria do *flow* em diversas formações de Psicologia Positiva ao longo dos anos, confesso que tive a oportunidade de realmente compreender a dimensão dessa teoria, de forma mais completa, ao realizar a leitura da obra original do autor em inglês, na qual, com extrema maestria, ele explica não apenas o que faz as pessoas entrarem em um estado de experiência ótima (*flow*), como ainda traz uma reflexão profunda sobre a felicidade humana. Isso despertou em mim uma admiração profunda por esse grande cientista, o qual Martin Seligman descreveu como o maior pesquisador da Psicologia Positiva no mundo – apesar de ser realmente difícil fazer essa mensuração, já que são tantos os pesquisadores fantásticos nesse campo!

A obra *Flow*, de Csikszentmihalyi, assim como sua teoria completa, resultante de anos de entrevistas, questionários e pesquisas com pessoas de diversas áreas de atuação, descreve minuciosamente os fenômenos psíquicos e sociais que influenciam a felicidade humana. Ele ainda aborda, de forma abrangente, os elementos que levariam o ser humano a atingir o melhor da sua performance, como a atenção, a concentração, a motivação, e como os resultados de todo esse processo são capazes de proporcionar ao indivíduo maiores níveis de satisfação com a vida. Isso mostra que o ser humano pode ter controle sobre o que o faz feliz, com seus próprios recursos, em vez de buscar incansavelmente a felicidade por meio de estímulos e objetos externos, controlados por outras pessoas, pela mídia ou pela cultura.

Csikszentmihalyi[56] investigou os diversos aspectos que contribuem para uma vida com mais sentido, explorando campos de conhecimento como a religião, a filosofia, a arte e o comportamento social. A conclusão à qual ele chegou é que uma das maiores ferramentas que as pessoas têm para serem felizes está ligada ao significado que elas dão às atividades e tarefas que realizam, e a psicologia tem um papel importante nisso. Segundo ele, os melhores momentos da vida não são aqueles de passividade, relaxamento ou diversão, mas sim aqueles em que a pessoa coloca mente e corpo no máximo de seu desempenho. Ao fazer isso, a pessoa, na realidade, estará se esforçando, de forma voluntária, para conseguir

---

[56] (Csikszentmihalyi, 2008)

realizar algo difícil, mas que, para ela, vale a pena. Isso mostra que a experiência ótima que uma pessoa pode alcançar está mais ligada àquilo que nós fazemos acontecer, e não simplesmente àquilo que nos acontece, sem esforço.

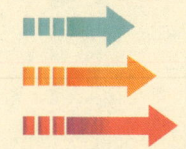

> O ser humano pode ter controle sobre o que o faz feliz, com seus próprios recursos, em vez de buscar incansavelmente a felicidade por meio de estímulos e objetos externos, controlados por outras pessoas.

O que ele quer dizer com isso é que, quanto mais controle temos sobre as coisas que acontecem ao nosso redor, mais sentimos o quanto a nossa vida é gratificante, ao contrário daquelas pessoas que não têm controle nenhum sobre suas vidas e que, simplesmente, deixam "a vida me levar", permitindo que os outros determinem a sua felicidade.

Ele ainda enfatiza que aqueles que acham que mudar o modo como o mundo funciona, ou as circunstâncias externas como a política, o país, a economia, as leis, a cultura, vai melhorar a qualidade de vida das pessoas imediatamente, pode acabar se frustrando, pois apesar de mudanças positivas serem sempre bem-vindas, o bem-estar das pessoas está muito mais ligado aos filtros mentais e à maneira como elas interpretam os fatos do dia a dia do que a fatores externos propriamente ditos.

É por essa razão que existem pessoas que, assim que conseguem se recuperar de uma dificuldade, de um problema de saúde ou até mesmo da miséria, em pouco tempo se esquecem de suas vitórias e conquistas, passando a criar novas necessidades e expectativas. Desse modo, a sensação de alívio e bem-estar que há pouco elas sentiram, torna-se algo distante, e elas passam a buscar a felicidade novamente em outras coisas, em um ritmo cada vez mais crescente.

O problema aqui não é com relação à ambição humana, nem com o desejo natural que todos nós temos de buscar novos objetivos ao longo da vida, mas sim com relação à incapacidade de desfrutar e ser feliz com aquilo que temos e conquistamos, bem como à incapacidade de se enxergar as coisas boas do momento presente.

Por outro lado, aqueles que têm um real controle sobre a sua vida enxergam as coisas de forma diferente, estando abertos a novas experiências e novos aprendizados, mantendo relacionamentos fortes, sendo comprometidos com o ambiente em que vivem, e aprendendo a se divertir em tudo o que fazem, até mesmo nas atividades mais entediantes.

Csikszentmihalyi trouxe um novo olhar para a Psicologia, sugerindo que, em vez de apenas ficar restrita a teorias e a tentar explicar as falhas e repressões durante a infância ou a influência de fatores externos no comportamento humano, ela deveria focar em estratégias e ações que ajudassem o ser humano a se tornar melhor, mesmo diante das suas imperfeições e deficiências. Na verdade, ele acredita que, para que as pessoas consigam lidar com as ansiedades e problemas do mundo moderno, o ideal é que elas sejam capazes de desenvolver habilidades que sejam compensadoras por si só, buscando seu próprio propósito, e fazendo uma mudança profunda de atitude, em vez de ficar à mercê de recompensas do ambiente externo, das pessoas, de coisas materiais, ou de um milagre.

Durante a vida, a maioria das pessoas colocam sua expectativa de felicidade sobre algo no futuro, e isso faz com que nunca se viva de verdade, pois a felicidade está sempre presa a um sonho no futuro, como por exemplo, "quando eu terminar a faculdade", ou "quando eu me casar", ou "quando eu passar no concurso", ou "quando eu mudar de país", enfim, uma lista interminável de "quandos"!

Consciência, Autonomia e Autocontrole

O controle que o ser humano tem sobre sua própria vida pode e deve ser exercido até mesmo sobre seus impulsos mais primitivos. Seres humanos são programados geneticamente para responder às necessidades e instintos básicos, como a fome, sede, sono, sexo, abrigo, segurança e outras tarefas ligadas à sobrevivência. No entanto, se o indivíduo obedecer a todos os seus impulsos e deixar de ter um certo controle sobre si, ele não só se torna um ser vulnerável e incapaz de controlar a sua energia psíquica, como ainda perde características que o distinguem dos animais, como a racionalidade, a autonomia e a força de vontade. [57]

É a partir desse raciocínio que conseguimos adiar gratificações imediatas em nossas vidas, em troca de objetivos maiores e duradouros. Esse é o princípio que vai fazer com que alguém que queira perder peso, deixe de saborear uma pizza ou um bolo de chocolate, em troca de um objetivo futuro de alcançar uma saúde e um aspecto físico melhor para o seu cor-

---

[57] (Csikszentmihalyi, 2008)

po. É a capacidade de adiar gratificações que faz com que um estudante deixe de sair com amigos, para estudar no final de semana, trocando o lazer pelo objetivo maior de passar em um exame ou em um concurso. E o mesmo ocorre com alguém que recusa uma bebida no meio da roda de amigos, em prol de um objetivo maior ligado à sua saúde ou em função de um objetivo pessoal ou religioso.

A partir do momento em que o ser humano desenvolve essa autonomia, ele passa a realizar suas próprias escolhas e estabelecer seus próprios objetivos, em vez de satisfazer os gostos e escolhas de outras pessoas e da sociedade. E para ter essa autonomia, ele tem que descobrir atividades que realmente despertam interesse, motivação, engajamento e significado. O importante é escolher aquelas atividades que sejam gratificantes por si só, e não somente pelos resultados ou consequências que elas podem trazer futuramente. É o famoso "fazer algo simplesmente por fazer". A partir do momento em que se consegue isso, é possível a pessoa ter um poder maior sobre si própria, em vez de ficar eternamente esperando dias melhores[58].

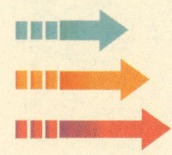

> Como toda escolha envolve a exclusão de outras possibilidades, é aí que a pessoa toma controle daquilo que, naquele momento, é uma prioridade maior para ela.

Lidar com a dificuldade também exige uma dose de autonomia e bom senso. Muitas vezes o problema não está na dor e no sofrimento das circunstâncias, mas sim na forma como as pessoas engrandecem esse sofrimento, por isso a importância de se ter um controle maior sobre a nossa consciência. Desenvolver esse controle não é simplesmente uma habilidade cognitiva, ou seja, não basta saber de tudo isso, mas sim fazer, agir, com constância e força de vontade. Esse é o grande segredo quando se quer mudar um hábito ou um comportamento. Não basta a compreensão do problema, mas o **comprometimento** e a **ação**.

A função da consciência humana é outro ponto explorado na teoria do *flow*. A consciência serve para nos alertar sobre o que está acontecendo dentro e fora do organismo, e isso geralmente é representado por meio de emoções, sensações, percepções, ideias etc. Ao identificar tudo

---

[58] (Csikszentmihalyi, 2008)

isso, o ser humano é capaz de dirigir sua atenção e suas intenções em direção àquilo que lhe interessa ou ao que é necessário em determinado momento. Ao mesmo tempo que faz isso, ele está basicamente fazendo uma escolha do que deseja dar atenção naquele instante, e, como toda escolha envolve a exclusão de outras possibilidades, é aí que a pessoa toma controle daquilo que, naquele momento, é uma prioridade maior para ela. Um exemplo disso é quando, mesmo estando com sono, e recebendo esse alerta do nosso corpo, continuamos fazendo um trabalho ou estudando, a fim de podermos ir até o final, ou então, quando mesmo ouvindo ruídos, conseguimos nos manter em um alto estado de concentração naquilo que estamos fazendo.

Escolhas que Determinam a Nossa Atenção

Graças a esse mecanismo da consciência, é possível direcionarmos a nossa atenção apenas àquilo que é importante. A mente humana recebe e processa milhões de informações, o tempo todo, incluindo aí imagens, sons, cheiros, memórias, movimentos e informações que estão a maior parte do tempo roubando um pedaço da nossa atenção. Esse tem sido, nos últimos anos, o maior desafio das pessoas, em razão do acesso à tecnologia, que abriu caminho para que empresas e instituições estivessem mais próximas de nós, lutando para ganhar nossa atenção.

Aqueles que conseguem ter um controle da sua consciência possuem uma habilidade maior de focar sua atenção nas próprias vontades, e ficar imunes à distração, podendo então realmente ter a concentração suficiente para atingir seus objetivos. Isso, é claro, requer vontade e uma dose de disciplina, e é isso que vai encurtar o caminho das pessoas em direção àquilo que elas desejam alcançar. Cada um escolhe aquilo em que deseja investir sua atenção, e é essa escolha que vai determinar se a pessoa vai ter uma vida mais próspera ou uma vida miserável.

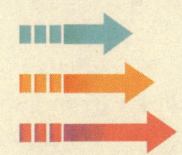

> Aqueles que conseguem ter um controle da sua consciência possuem uma habilidade maior de focar a sua atenção em suas próprias vontades, e ficar imunes à distração.

Csikszentmihalyi considera a atenção como uma forma de energia sob nosso controle, a qual ele chama de "energia psíquica", tendo em vista que, ao fazermos escolhas, gastamos energia para focarmos em nossas tarefas, e sem isso, não conseguimos fazer nada. Nossas experiências de vida exigem atenção o tempo todo. Aqueles que estão sempre sob o efeito de um estado desorganizado de pensamentos ou emoções perturbadoras e negativas, também chamado *entropia*, como por exemplo, medo, dor, ansiedade, inveja, entre outros, acabam desviando sua atenção e energia psíquica para isso, e não conseguem manter o foco nos objetivos que realmente desejam alcançar.

A Atenção e o Estado de Fluxo (*flow*)

O ser humano luta constantemente para conseguir estabelecer um controle sobre sua atenção, tendo em vista a grande quantidade de elementos distrativos que temos que driblar a todo momento. Por outro lado, quando estamos diante de informações e estímulos que vão de encontro aos nossos objetivos, a energia psíquica flui de forma natural em direção a eles. A partir disso surgiu o nome *flow*, um estado de atenção focado em determinada tarefa, que é, ao mesmo tempo, desafiante e gratificante.

Atletas, quando estão diante de uma competição, músicos, ao estarem compenetrados em tocar seus instrumentos no ritmo e na nota certa, dançarinos, quando estão sob o ritmo da música, são exemplos de experiências de *flow*. Mas também existem exemplos de *flow* mais próximos do nosso dia a dia, como quando, por exemplo, estamos realizando um trabalho profissional e nem vemos a hora passar, ou lendo um livro, cozinhando, fazendo algum tipo de artesanato, atendendo a um cliente durante horas, todas essas situações podem nos levar a entrar em um estado onde a consciência e atenção estão totalmente focadas na tarefa.

Aqueles que conseguem esse estado de *flow*, segundo Csikszentmihalyi, tornam-se pessoas mais fortes, mais confiantes, justamente pelo fato de sua energia psíquica ir ao encontro dos objetivos que a pessoa escolheu para alcançar, levando a uma sensação de êxtase, sucesso e plenitude. Cada vez que a pessoa tem a experiência de *flow*, ela se torna um ser mais complexo, ou seja, ela desenvolve mais habilidades, e, com isso, sua mente passa a funcionar de forma mais ordenada e sincrônica, de modo que emoções, pensamentos e ações se tornam unidos e integrados em direção a um mesmo objetivo. É como um time, onde a união da competência de cada um, possibilitará a vitória final.

Benefícios do *Flow*

O *flow* é uma experiência que, além de tornar a atividade realizada mais prazerosa, gera um impacto também na autoestima e na autoconfiança, pois cada vez que realizamos algo com sucesso, tendemos a querer repetir aquela experiência mais vezes, e, por consequência, acabamos por desenvolver novas habilidades, ou então a criar algo novo para chegar àquele mesmo resultado.

De modo geral, existem duas maneiras de se melhorar a qualidade de vida: mudar as condições externas, como salário, condições de trabalho, emprego, política, economia e leis, a fim de que elas possam ir ao encontro daquilo que desejamos, ou então mudar a forma como lidamos com essas experiências, a fim de podermos adaptá-las aos nossos desejos[59].

A qualidade de vida não depende apenas daquilo que nós temos materialmente ou do nosso desempenho, mas sim de como nos sentimos em relação a nós mesmos e ao que acontece conosco. Ao contrário do que muitos acreditam, fama, *status* e poder nem sempre estão acompanhados de felicidade. Artistas e celebridades nem sempre são felizes como vemos nas revistas ou na televisão.

Quando se fala sobre felicidade, a maioria das pessoas pensa em uma vida fácil, com luxo, conforto, viagens exóticas, corpos perfeitos, e claro, pouco trabalho e esforço. Esses são parâmetros que aprendemos a associar com a felicidade, ao longo da vida, também por influência da mídia. Todas as vezes que chega a informação, à nossa consciência, de que as expectativas geradas pelas influências sociais ou pelos nossos instintos estão acontecendo no mundo real de verdade, a sensação é de prazer e alegria.

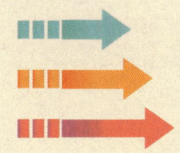

> O prazer superficial é uma experiência que acontece sem esforço, enquanto a satisfação e o bem-estar só acontecem quando investimos nossa atenção e energia para aquela atividade.

No entanto, essa sensação de prazer imediato é diferente da sensação de satisfação e bem-estar, pois naquela apenas se satisfaz uma necessidade, enquanto que nesta última ocorre um crescimento psicológico, uma mudança dentro de nós, uma sensação de realização que permanece ao

---

[59] (Csikszentmihalyi, 2008)

longo do tempo, tornando a sensação de felicidade muito mais duradoura. Isso acontece porque o prazer superficial é uma experiência que acontece sem esforço, enquanto a satisfação e o bem-estar só acontecem quando investimos nossa atenção e energia para aquela atividade, fazendo com que algo realmente mude dentro de nós e em nossas vidas, de modo permanente[60].

Por exemplo, vamos analisar o exemplo de um jovem que vai a uma festa com os amigos, onde ele tem um jantar farto, bebidas, lindas garotas e passa a noite se divertindo até o dia seguinte. No mês seguinte, ou alguns anos depois, talvez ele nem se lembre mais da sensação prazerosa que vivenciou naquele momento, e aquilo é esquecido. No entanto, quando esse mesmo jovem, já com seus 40 anos de vida, reflete sobre tudo que conquistou, sua trajetória acadêmica, os cursos que realizou, os filhos que cresceram, as habilidades que adquiriu e os obstáculos que venceu, isso certamente traz uma satisfação interna muito forte, além de ser um estímulo para que ele faça ainda mais.

Um dos benefícios de se passar por uma experiência ótima de *flow* é que ela geralmente se baseia em uma ação ou atividade que é intrinsicamente compensadora, ou seja, algo que gostamos de fazer pelo próprio prazer da atividade, e não pelos resultados que a atividade pode nos trazer. A esse fenômeno se dá o nome de *autotélico*, isto é, algo que traz a satisfação por si só, e não por um benefício secundário ou futuro. É por isso que a satisfação nesse caso é mais duradoura, pois a atenção é focada na própria atividade. É claro que não existe nenhuma atividade que seja puramente autotélica, já que, no fundo, sempre existe alguma expectativa de resultado positivo nas tarefas que realizamos.

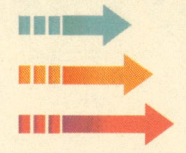

> Um dos benefícios de se passar por uma experiência ótima de *flow* é que ela geralmente se baseia em uma ação ou atividade que é intrinsecamente compensadora.

O *flow* gera crescimento e maestria. Em razão da recompensa gerada pela própria atividade, uma vez completada a tarefa, a pessoa passa a querer repeti-la novamente, porém, com um desafio e um nível de dificuldade mais alto. A cada nível, a pessoa vai adquirindo uma habilidade maior naquilo que está fazendo, evoluindo mais e mais.

---

[60] (Csikszentmihalyi, 2008)

Características Básicas do Estado de Fluxo

A sensação de bem-estar e contentamento gerada durante o *flow* geralmente precisa de alguns requisitos para acontecer, segundo Csikszentmihalyi[61]:

- A atividade deve ser desafiante na proporção das habilidades que a pessoa tem – se a atividade for mais fácil do que as habilidades, ela se torna entediante, e se for mais difícil, a pessoa tende a desistir de fazê-la, por achá-la muito difícil de ser realizada.

- Estar com a atenção e concentração totalmente focadas na atividade, a fim de que seja possível lidar com os desafios – ao contrário de quando realizamos atividades nas quais estamos sendo o tempo todo interrompidos, ou quando pensamos demais antes de agir. No *flow* não existem essas interrupções, pois a ação acaba fluindo naturalmente.

- Ter objetivos claros e um *feedback* positivo – Os objetivos são os elementos que atraem a atenção da consciência durante o *flow*, e o *feedback* positivo é o elemento que vai motivar a pessoa a continuar praticando a tarefa, fazendo-a se sentir bem com aquilo.

- Concentrar-se totalmente na tarefa – a concentração faz com que os níveis de atenção estejam todos ali, naquele momento, a ponto de não haver a interferência de distrativos ou de outras questões irrelevantes para se pensar.

- Estar totalmente envolvido na atividade, a ponto de não estar preocupado com os problemas da vida.

- Perder a autoconsciência – é um momento em que a pessoa e a atividade se tornam uma coisa única, algo tão interligado que a pessoa pode perder a noção do tempo, não sentir fadiga, sono, fome, e alcançar um estado de autotranscedência.

- Perder a noção do tempo – o tempo, durante a tarefa, parece passar de forma atípica, diferente do tempo do relógio, em razão da satisfação que se tem em praticar determinada ação.

---

[61] (Csikszentmihalyi, 2008)

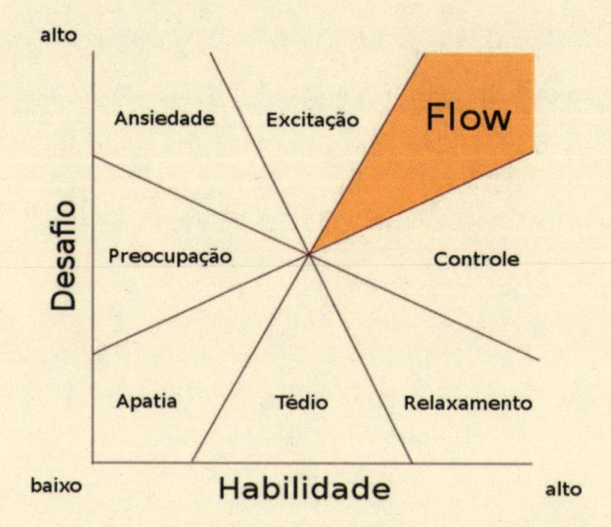

Diagrama (eixos): Desafio (vertical, baixo a alto) × Habilidade (horizontal, baixo a alto). Regiões: Ansiedade, Excitação, Flow, Preocupação, Controle, Apatia, Tédio, Relaxamento.

É importante notar que os desafios e as habilidades, durante o estado de fluxo, representam algo totalmente subjetivo, e não objetivo. Logo, o que pode ser altamente desafiante para uns, pode ser entediante para outros.

Vamos dar um exemplo mais completo de uma experiência de *flow* para compreendermos todas as etapas descritas anteriormente. Imaginemos um artista que pinta telas e obras de arte. À medida que começa a pintar, ele deixa de pensar nos problemas financeiros e de saúde que vem enfrentando recentemente; a dor nos braços desaparece naquele momento. Os ruídos altos da vizinhança não são mais ouvidos por ele, nem o toque do celular, e nem mesmo o estrondo da chuva é percebido. Ele fica naquela atividade durante horas e horas, o dia vira noite, e ele praticamente não vê o passar das horas. Quando finalmente termina a pintura, se vê totalmente satisfeito e realizado, com a sensação de missão cumprida e de que valeu a pena ter se dedicado àquele objetivo.

Outro exemplo, um escritor que está escrevendo capítulos do seu livro. Ao estar diante do computador, digitando cada palavra, o texto vai se tornando amplo, com várias possibilidades, novas ideias e reflexões, fazendo com que o escritor se envolva de forma profunda em seus pensamentos, a ponto de não parar nem mesmo para comer algo ou beber água. As horas passam, mas nem o sono nem o barulho da rua o impedem de continuar escrevendo. O mesmo também pode estar acontecendo agora com você, leitor, ao se ver mergulhando na leitura de um livro, e esquecer-se do que está acontecendo no resto do mundo!

No entanto, o resultado da tarefa não é o foco principal, mas sim a ação. Essa característica do *flow* faz com que as pessoas tenham um envolvimento maior com aquilo que fazem, substituindo o tédio pela diversão, e trocando a sensação de insegurança por uma sensação de controle e autoconfiança[62].

Imagine, por exemplo, uma pessoa que vai à academia todos os dias, porque ***realmente gosta*** de fazer atividade física. É claro que ela sabe que, ao fazer isso, haverá benefícios para o seu corpo e seu peso futuramente, mas o seu foco principal, e o que a mantém frequentando a academia de forma constante, sem desistir, apesar da correria do dia a dia e do cansaço, é o próprio prazer da atividade, o desafio de cumprir o seu treino, de aumentar a carga nos aparelhos, de correr alguns quilômetros a mais na esteira, ou na bicicleta. A satisfação vem da própria atividade.

Ao contrário, imagine agora uma pessoa que odeia fazer atividade física, e frequenta a academia apenas porque precisa perder peso – e isso é o que, provavelmente, a maioria das pessoas faz! O objetivo, a atenção e o foco dessa pessoa não está, em momento algum, na atividade física em si, mas apenas nos resultados que ela quer obter com aquilo. A pessoa não gosta de fazer musculação, a esteira é uma tortura e uma perda de tempo para ela, e as aulas de ginástica são estafantes, mas ela está ali, praticamente "morrendo", indo "arrastada" todos os dias, apenas com o fim único de conseguir emagrecer. Daí, faz-se a pergunta clássica: Quanto tempo você acha que essa pessoa vai conseguir continuar fazendo isso? Esse tipo de atividade não se sustenta por muito tempo. Não seria esse, um dos motivos que leva a grande maioria das pessoas a desistirem, em poucos meses, de frequentar academias e praticar exercícios?

Esse exemplo mostra claramente o quanto o significado e o foco que as pessoas dão a certas atividades podem ser decisivos para definir o sucesso ou insucesso das metas que elas querem alcançar.

Isso nos faz pensar em quantas pessoas vão ao trabalho também "arrastadas", não pelo prazer do trabalho em si, mas apenas para obter os resultados ao final do mês, para pagar as contas. Se a maioria das pessoas trabalha em média 44 horas por semana, o que representa basicamente 1/3 de nossas vidas, ao somar todo esse tempo, teríamos aí, por ano, um

---

[62] (Csikszentmihalyi, 2008)

total de 12.584 horas de trabalho chato e entediante. Como é possível ter uma vida feliz assim? Qual o impacto dessa frustração e infelicidade na saúde dessas pessoas, nos seus relacionamentos e na vida em geral?

Por outro lado, achar que a solução é simplesmente mudar de emprego, nem sempre é a melhor atitude. O primeiro passo deve ser a mudança de mentalidade, a fim de que seja possível conciliar as atividades que realizamos diariamente com nossos objetivos de vida. Mudar o foco envolve mudar nossa forma de pensar, de modo que possamos perceber os benefícios das atividades que fazemos, e, ao mesmo tempo, nos esforçar em mudar o significado daquelas atividades que não gostamos de fazer. Isso pode ser obtido por uma simples atitude, por uma ressignificação, e também pelo uso de técnicas terapêuticas que ajudem o cliente a mudar crenças e estilos de pensamento.

O conceito de *flow*, hoje, não se restringe apenas ao campo da Psicologia, pois ele acabou sendo incorporado no esporte, nas organizações e na educação. É interessante, quando observamos esses exemplos, e refletimos o quanto a teoria do *flow* pode contribuir para alguns setores, como a saúde, por exemplo, em razão do bem-estar que ela proporciona, e também para a área da educação, abrindo novos caminhos e gerando novas ideias a fim de estimular alunos a fazer o máximo uso dessa experiência para alcançar resultados melhores nos seus estudos.

Hoje, uma das grandes preocupações da escola, assim como das universidades, é fazer com que o aluno aumente seu nível de atenção e concentração nos estudos. Já foi comprovado que práticas pedagógicas para adolescentes que envolvem o aprendizado de forma colaborativa, estimulam mais o estado de fluxo nos alunos do que métodos pedagógicos tradicionais e passivos, nos quais o aluno fica simplesmente sentado assistindo à aula do professor. Concurseiros que tentam, todos os anos, passar em provas e seleções, lidam com esse problema diariamente, não sabendo contornar as interferências de pensamentos, emoções e, é claro, da tecnologia, que acaba dificultando ainda mais o foco.

O estado de fluxo fica ainda mais visível quando aliado à temática das forças de caráter, tendo em vista que estimular a prática de atividades mais compatíveis com a natureza única de cada indivíduo aumenta, significativamente, a motivação e o engajamento nas tarefas realizadas. O resultado disso é uma potencialização ainda maior no desempenho das pessoas, seja no trabalho ou nos estudos, além de uma satisfação pessoal mais plena e duradoura.

Capítulo **7**

Significado

Emoções positivas, como falamos anteriormente, são fundamentais para a saúde e os relacionamentos. No entanto, emoções positivas vazias, que não têm um motivo ou um porquê de existir, legítimo e significativo, acabam não durando muito tempo. É por essa razão que tantas pessoas hoje confundem as emoções positivas que se prega na Psicologia Positiva com o famoso bordão "seja feliz", o qual é bastante usado em mensagens publicitárias ou em *posts* nas mídias sociais. Ser feliz como? E por qual motivo?

É justamente esse "por que" que vai determinar o real sentido da felicidade que o ser humano tanto procura. Uma felicidade artificial não dura mais do que alguns minutos ou horas, e acaba se tornando simplesmente uma felicidade hedônica, assim como a felicidade dos prazeres e das gratificações imediatas, que acabam logo após a ação, e são facilmente esquecidas.

É por esse motivo também que a Psicologia Positiva construiu uma teoria mais ampla e profunda do que os mandamentos simplórios do "pensamento positivo" de algumas teorias, englobando não apenas as emoções positivas, mas outros tópicos que servem como "adubo" para nutrir essas emoções de forma contínua e progressiva, ao invés de usá-las de forma superficial e momentânea. Daí a importância dos relacionamentos, das forças de caráter, do *mindfulness*, do significado, da realização, e de outros tópicos mais. Emoções positivas vazias e sem sentido podem ter efeitos tão ruins quanto não tê-las, pois acabam se tornando um estado em que a pessoa está sendo incongruente e mentindo para si própria. Mentir e fingir para os outros que estamos felizes pode até dar certo, mas mentir para o seu corpo e para a sua fisiologia, não dá! Em algum momento o corpo acaba descompensando tudo isso.

Gramaticalmente, sentido e significado são palavras diferentes, mas, no contexto em que iremos abordar a seguir, usaremos como sinônimos, pois se referem ao modo como as pessoas representam e interpretam algum fato ou objeto, conforme suas crenças e valores. Isso está muito ligado aos valores pessoais de cada um, e tem a ver com aquilo que a pessoa considera importante para algum aspecto da sua vida. Ao compreender aquilo que faz sentido em nossas vidas, isso nos ajuda a descobrir qual o nosso papel nesse mundo, qual a nossa função. Seria basicamente entender o "porquê" das coisas. Já o propósito está mais ligado às aspirações e desejos que nos motivam em direção ao movimento e à ação. Ambos possuem componentes comportamentais, cognitivos e emocionais. Assim, por exemplo, para algumas pessoas dinheiro significa conforto, e, por isso, elas têm como propósito usá-lo para adquirir bens que proporcionem esse conforto. Para outros, dinheiro significa *status*, logo, elas usam o dinheiro com o propósito de ganhar o respeito das pessoas ao seu redor, em função da sua riqueza.

O significado, segundo Viktor Frankl, pode estar relacionado a três áreas principais da vida: um trabalho criativo que contribua para a sociedade, um engajamento no sentido de aprofundar o conhecimento do mundo ao nosso redor, e, por fim, ao enfrentamento de alguma dificuldade ou adversidade por meio de uma atitude ou da ação[63].

Uma pessoa pode buscar um significado para sua vida em vários elementos, como por exemplo, nos relacionamentos, na autotranscedência, na espiritualidade/religião, na realização pessoal, na autoaceitação, na generosidade/solidariedade, no trabalho, na justiça, na educação, na saúde, entre outros. Os significados também podem mudar ao longo da vida, e por isso, muitas vezes é preciso reajustá-los ao momento atual que estamos vivendo.

A Importância do Propósito

As emoções positivas são mais duradouras quando estão intrinsecamente ligadas aos nossos significados internos, aos nossos valores e ao propósito que se deseja alcançar. Durante muito tempo acreditou-se que o significado da vida estaria relacionado a quatro premissas básicas, apenas: *propósito*, ligado a metas objetivas e realização pessoal; *valores*, que seriam os elementos que justificam nossas ações; *eficácia*, que é a capacidade de se fazer a diferença no mundo; e *autoestima*. No entanto, diversos autores afirmam que falta, nessa lista, um item essencial: as emoções positivas, sejam elas no presente, ou ainda como uma expectativa para o futuro. São elas que estimulam e fazem com que as pessoas se sacrifiquem no presente a fim de buscar algo maior e melhor no futuro. Alguns autores enfatizam que dentre as emoções positivas mais envolvidas com um propósito estão o amor, a esperança, a admiração, a confiança e a alegria[64].

Tal Ben-Shahar[65] afirma que ter um propósito na vida é muito mais do que apenas estabelecer metas, mas sim ter um desejo pessoal próprio,

---

[63] (Frankl, 1963)
[64] (Vaillant, 2008)
[65] (Shahar, 2016)

algo que você realmente gosta e quer para si, ao invés de ser guiado por normas ou expectativas sociais. Por essa razão, cada um encontra significados diferentes dependendo do contexto ou situação de vida em que está inserido e dos valores que possui dentro de si para elaborar sua missão de vida. Ele alerta, ainda, que é importante as pessoas distinguirem sonho de realidade, para não ficarem presas somente a um significado grandioso e generalizado, mas sim a ações tangíveis e específicas, que possam ser alcançadas etapa por etapa, no nosso dia a dia, até se atingir o propósito maior.

Assim, por exemplo, se uma pessoa tem como propósito fazer o bem ao próximo ou ter uma sociedade mais justa, ela pode fazer uma série de pequenas ações que irão, pouco a pouco, contribuir para o alcance desse objetivo maior. Do mesmo modo, uma pessoa cujo significado maior é o bem-estar da família, deve praticar atitudes diárias que reforcem esse valor, e manter-se em consonância com esse objetivo, trabalhando e cultivando emoções e comportamentos positivos a fim de melhorar a qualidade de vida deles.

Valorizar a família não quer dizer apenas estar presente com eles 24 horas por dia. O fato de você estar ocupado o tempo todo para dar a eles boas condições de vida, ou ter que viajar muito em razão da profissão, de certa forma também está ligado ao seu propósito de valorizar a família, pois sem isso, você não poderia oferecer-lhes uma vida confortável! De modo recíproco, uma família satisfeita dará mais energia e motivação para que a pessoa se engaje ainda mais no seu trabalho, fazendo com que resultados ainda melhores sejam alcançados. É um processo reflexo, em que uma coisa beneficia a outra. A questão é apenas ter o equilíbrio, e não pender a balança demais nem para um lado nem para o outro, ou seja, nem para o excesso de trabalho nem para o excesso de ociosidade.

Isso não quer dizer que não haverá dificuldades para atingirmos aquilo que buscamos. Pelo contrário, a verdadeira felicidade é aquela obtida quando enfrentamos altos e baixos, quando superamos desafios e obstáculos. E são justamente os propósitos que nos darão as forças necessárias para insistir e conseguir enfrentar esses momentos.[66]

Cada pessoa tem propósitos, objetivos e missões diferentes de vida. No entanto, nem sempre queremos estar o tempo fazendo as mesmas atividades, mesmo que elas sejam maravilhosas. É preciso variar, e isso

---

[66] (Shahar, 2016)

é parte do ser humano. Existem "n" maneiras de se atingir o mesmo propósito, ou seja, para um mesmo objetivo de vida, é possível realizar diversas ações diferentes que acabam conduzindo ao mesmo resultado. O segredo é a percepção, isto é, saber fazer a associação do que você faz com aquilo que você está buscando, examinar com profundidade se o seu trabalho é realmente inútil como você pensa, ou se no fundo, ele está fazendo alguém mais feliz, mesmo que indiretamente.

A correria do dia a dia e o fato de estarmos no "piloto automático" faz com que muitas pessoas não tenham a percepção exata de que aquilo que estão fazendo está realmente alinhado com o seu propósito de vida. O ser humano tende a enxergar apenas o óbvio, e por isso, muitas vezes é importante parar e refletir, de forma profunda, sobre o que estamos fazendo. Talvez este seja um dos motivos pelo qual o *mindfulness* está se difundindo tanto nos dias de hoje, ao estimular que as pessoas se coloquem em um estado de consciência mais presente, em vez de ficar apenas no futuro ou no passado. É interessante perguntar a si mesmo: o que você pode fazer, hoje, para fazer a diferença na vida de alguém? Que habilidade sua pode trazer alguma contribuição para o mundo? É importante tirar alguns minutos para registrar, em um papel, quanto tempo por dia realmente estamos nos dedicando àquilo que é relevante e alinhado com os nossos objetivos.

O Significado no Trabalho

Esse é um tópico essencial quando falamos sobre significado, já que a grande maioria das pessoas busca não apenas um trabalho que elas gostem de fazer, mas que também crie significado para a vida de outras pessoas. Tom Rath, um dos pesquisadores das organizações Gallup e autor de diversos *best-sellers* nos EUA, relata que, em uma de suas pesquisas, na qual foram catalogadas mais de 2.600 sugestões do que as pessoas fazem para melhorar o seu dia, a conclusão que ele chegou foi que os três elementos que deixam uma pessoa mais motivada são: o significado – fazer algo que beneficie alguém; as interações sociais – ter momentos mais positivos com as pessoas, e a energia física – fazer escolhas que melhorem a saúde física e mental. Segundo o autor, a grande maioria das pessoas, hoje, está atuando em um nível muito abaixo da sua capacidade real, sendo menos efetiva no trabalho[67].

---

[67] (Rath, 2015)

Ações de longo prazo que não são emocionalmente prazerosas podem acabar minando a energia da pessoa, por isso, é fundamental que o sentido que buscamos na vida esteja associado a experiências positivas, pois elas nos motivam em direção à realização, sobre a qual falaremos mais à frente. As pessoas devem usar, muitas vezes, a criatividade, para que possam inserir mais prazer naquilo que fazem, sobretudo quando a tarefa é necessária para se alcançar o que se desejam. Na vida, muitas vezes precisamos tentar transformar uma tarefa chata em algo agradável, até porque, se conseguirmos fazer isso, a atividade pode acabar dando, por si só, ainda mais significado àquilo que fazemos.

Ao se atribuir significados ruins e negativos ao trabalho, ao relacionamento, ou a outros desafios da vida, as pessoas os tornam algo mais penoso e sofrido, enquanto que, ao atribuir significados mais positivos, elas podem transformar atividades aparentemente chatas e entediantes em algo prazeroso e gratificante.

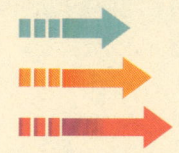

Uma das formas de aumentar o engajamento é mostrar, cada vez mais, o quanto o trabalho é significativo para outras pessoas, o quanto o trabalho que elas realizam impacta a vida de alguém. O significado do trabalho se perdeu na grande maioria das empresas e organizações. As pessoas se tornaram máquinas, e o único sentido do trabalho, para a maioria delas, é o dinheiro, e nada mais. Gostaria de deixar claro, sobretudo aos empresários e diretores-financeiros, que ensinar pessoas a criar melhores significados para o seu trabalho é uma forma de ajudá-las a aumentar a motivação e o engajamento dentro de suas funções, o que obviamente não substitui outros incentivos materiais ou imateriais que a empresa deve oferecer, de forma frequente, aos seus funcionários.

> Uma das formas de aumentar o engajamento é mostrar, cada vez mais, o quanto o trabalho é significativo para outras pessoas, o quanto o trabalho que elas realizam impacta a vida de alguém.

Fazer atividades significativas causa efeitos benéficos na capacidade cerebral, previne perdas cognitivas e melhora as condições de saúde mental com o passar da idade. Um estudo realizado ao longo de 14 anos com seis mil pessoas detectou que aqueles que tinham um senso de propósito em suas vidas tinham 15% menos risco de morrer precocemente[68].

---

[68] (Rath, 2015)

Existem três formas de fazer um funcionário enxergar o valor do seu trabalho. A primeira é por meio da própria empresa, quando em vez de dar ênfase aos dados quantitativos ou às metas financeiras que foram ou deixaram de ser atingidas ao fim do período, a empresa enfatiza e mostra o benefício que o funcionário gerou para alguém ou para a sociedade. A segunda forma, ainda pouco difundida na sociedade, infelizmente, é por meio do próprio cliente, ou seja, quando o consumidor final reconhece o trabalho do funcionário e o benefício que ele gerou, demonstrando isso a ele de alguma forma, seja por meio de um elogio, um agradecimento ou um agrado. E por fim, a terceira forma é o valor construído pelo próprio funcionário, dentro da sua própria mente, ou seja, quando ele mesmo já tem a capacidade de perceber o quanto o seu trabalho é significativo e o quanto ele contribui para a vida das pessoas, sem precisar do reconhecimento de terceiros.

Do ponto de vista pessoal, essa última opção, de reconhecer a si próprio, talvez seja a mais fácil, mas, para que isso seja possível, é preciso que as pessoas tenham um nível de conhecimento e percepção muito apurado, o que, infelizmente, não acontece com a grande maioria da população, já que muitos mal conseguem se sentir valorizados como pessoas e menos ainda pelo seu trabalho.

Com relação ao cliente, a atitude de reconhecer e elogiar o trabalho alheio, apesar de acontecer em alguns lugares, ainda não é uma prática culturalmente disseminada, tendo em vista que a gratidão ainda é algo escasso. Reclamar é um direito, mas agradecer parece ser uma simples opção, e por isso, nem todos se esforçam para realizá-la. Esperamos que isso mude com o tempo.

A esperança que nos resta, então, a princípio, é que as organizações iniciem essa prática dentro do ambiente de trabalho, trazendo mais à tona a importância dos seus colaboradores, mostrando o benefício que o trabalho deles gera na sociedade, desde o fornecedor até o usuário final e à sociedade como um todo. Isso é uma forma de educação e de valorização do trabalho, ao mesmo tempo que promove a conscientização do funcionário sobre o significado do seu trabalho, a fim de que ele tenha uma dimensão mais ampla de que, aquilo que ele faz não é simplesmente algo robótico, e de que ele não é apenas mais um número na empresa.

O mesmo vale para os órgãos públicos. Eu trabalhei durante muitos anos como funcionária pública, e sei o quanto os números são importantes nesses locais, seja em nível municipal, estadual ou federal. A busca da quantidade é algo tão obsessivo na esfera pública a ponto de o funcionário ficar realmente alienado e não ver valor algum naquilo que faz, ficando focado apenas nas metas numéricas que deve atingir. Trabalhando como cirurgiã-dentista, minha primeira profissão, atendi cerca de 13 mil pacientes na rede pública, e calculando-se por baixo, realizei durante esse período, uma média de 100 mil procedimentos odontológicos. Durante muito tempo, eu não enxergava muito valor no meu trabalho, até o dia em que parei para refletir que essas 13 mil pessoas não foram simplesmente números – apesar dos números já serem algo bem significativo –, mas foram 13 mil bocas que um dia tiveram seus sorrisos de volta, que um dia deixaram de sentir dor, que tiveram sua saúde bucal restabelecida. Isso, fora as consequências positivas, como por exemplo, restabelecer a mastigação, fazendo com que as pessoas possam mastigar e comer melhor, possam se relacionar mais socialmente, não tendo mais vergonha de sorrir, reduzindo as despesas com tratamentos odontológicos mais complexos no futuro, e por aí vai uma lista de benefícios intermináveis, desde a saúde física até a saúde psicológica, e outros mais.

Pesquisas revelam que o engajamento no trabalho pode ser elevado em até 250 vezes quando as pessoas passam a maior parte do dia fazendo algo que consideram significativo para alguém. O significado é algo que criamos a cada dia, por meio de pequenos passos, e é justamente por meio dessas pequenas vitórias que as pessoas sentem que estão progredindo. Buscar a felicidade sem ter algo mais profundo faz com que tomemos decisões mais pobres. Quando as pessoas pensam apenas na sua própria felicidade, acabam se sentindo mais sozinhas e mais fúteis, em razão de colocar o foco apenas em si mesmas, enquanto que, ao buscar a felicidade daqueles ao seu redor, ou colocar a necessidade de alguém antes da sua, acabam fortalecendo as relações dentro do trabalho, dentro da comunidade, da família, gerando um aumento no bem-estar e na satisfação com a vida[69].

Significado, Propósito e a Motivação Humana

Do ponto de vista filosófico, encontrar um propósito de vida é um dos últimos objetivos existenciais do ser humano, uma jornada pessoal que pode ser descoberta em algum momento de necessidade ou ao longo de uma busca constante e diária. O propósito é um motivador poderoso,

---

[69] (Rath, 2015)

e por isso, vou abordar um pouco o aspecto da motivação humana, já que está diretamente relacionada ao tema.

Existem duas maneiras básicas de motivar o ser humano: por meio da motivação intrínseca ou da motivação extrínseca. A motivação extrínseca, como abordei em outros capítulos, está ligada a algo externo, a uma espécie de recompensa, e geralmente dependemos dos outros para recebê-la. Pode ser material, como dinheiro, prêmios, uma promoção no trabalho, ou imaterial como um elogio, reconhecimento, *status*, prestígio, poder. Já a motivação intrínseca é algo interno, que depende totalmente de você. Essa é a melhor forma de motivação que uma pessoa pode ter, porque ela independe de incentivos, de recompensas e de outras pessoas para acontecer, e por isso é muito mais intensa e mais poderosa. É representada por aquilo que as pessoas muitas vezes fazem sem nem mesmo receber por isso. É o fazer simplesmente pelo prazer de fazer, mesmo que os outros não reconheçam seu trabalho. É algo que é gratificante por si só. É aquela motivação que leva pessoas a continuarem insistindo em algo que fracassou várias vezes ou que não deu retorno financeiro, mas que elas ainda insistem em fazer por acreditar que um dia vai dar certo.

A motivação intrínseca talvez exija um esforço pessoal maior para ser desenvolvida e alimentada, mas, uma vez alcançada, produz efeitos diretos na qualidade do trabalho, e, consequentemente, vai influenciando o sucesso profissional e financeiro e gerando mais autonomia. Além disso, a motivação intrínseca, por ser algo pessoal, faz com que cada pessoa busque algo que a estimule individualmente, ao invés de algo que seja socialmente estimulado. É compreensível o fato de que nem sempre é possível termos, de forma imediata, o trabalho dos nossos sonhos, por razões diversas, mas isso não deve ser um obstáculo para que as pessoas deixem de buscar seu propósito.

Fazer outras atividades paralelas ao trabalho oficial também pode ser uma opção para estimular a nossa motivação interna e liberar a tensão do dia a dia, caso não seja ainda possível mudar para o emprego dos sonhos. Ter o hábito de ler, escrever, fazer algum tipo de artesanato, aulas de culinária, pintura, tocar algum instrumento, criar um *blog* ou alguma maneira de se comunicar, e até mesmo tornar seu ambiente de trabalho mais agradável com objetos pessoais ou com uma decoração mais alegre. Tudo isso pode contribuir para o seu crescimento interior e para a geração de novas ideias alinhadas ao seu propósito. Como disse antes, é importante usarmos a criatividade, pois existem diversas maneiras diferentes de se atingir um mesmo resultado.

É importante lembrar que, nosso exemplo influencia as pessoas ao nosso redor de alguma forma. Não é fácil cumprir cada etapa de um grande objetivo, e é algo que exige esforço e paciência, mas, a partir de pequenas ações, nossos propósitos maiores vão tomando forma e consistência, a cada dia.

O "significado" não é algo que vem pronto, mas sim algo que nós mesmos criamos, conforme nossa forma de pensar, de ver o mundo, conforme nossas crenças pessoais e familiares, nossa cultura. Isso é ótimo, pois amplia ainda mais a possibilidade de tornarmos nosso trabalho algo significativo. Vai depender do ângulo como você vê aquilo que faz, da maneira como interpreta. Um gari, por exemplo, pode ver seu trabalho como simplesmente catar lixo nas ruas, algo degradante e humilhante. Já o gari que ficou famoso no Rio de Janeiro, Renato Sorriso, soube ressignificar o seu trabalho ao dizer que os garis são os "anjos da limpeza", e que quem é lixeiro é aquele que "joga lixo nas ruas, vive na sujeira e não dá valor ao nosso trabalho". Foi a partir de uma pequena mudança na forma de olhar o trabalho, aliada à sua positividade a ponto de até "sambar" com a vassoura na Sapucaí, durante o trabalho, que ele conseguiu ganhar os olhos do mundo, tendo a oportunidade de conhecer vários países, voltar aos estudos, formar-se em Turismo, participar de novelas e, ainda, tornar-se um palestrante.

A motivação intrínseca é um dos elementos decisivos para o sucesso de qualquer tarefa que fazemos. Vou dar um exemplo pessoal. Durante toda a minha vida, desde a adolescência, eu não costumava ter preguiça em praticar atividades físicas. Sempre gostei de tudo que fosse ligado ao corpo e à saúde, mas também nunca fui uma aluna de academia muito disciplinada, nem um modelo exemplar. Assim como a grande maioria das pessoas, eu me matriculava em uma academia, frequentava por uns dois ou três meses, e depois ficava uns seis meses sem ir. Depois começava tudo de novo. Mesmo assim, conseguia manter o peso dentro do normal. No entanto, após os 30 anos, as coisas já mudaram de figura. Ganhei alguns quilos e a roupa começou a apertar. Passei a frequentar a academia para emagrecer, mas mesmo assim, a balança não mudava. A ansiedade aumentava, e eu comia mais. A minha motivação, naquele momento, era puramente estética, eu só queria ficar magra, e, como a maioria das mulheres, queria isso para "ontem". Mas não funcionava.

Até que, em razão de problemas ocupacionais no trabalho, eu tive que buscar a academia devido a algo muito maior do que a estética: a saúde. Foi uma mudança de significado. Para os meus valores pessoais, a saúde é um bem muito maior do que a estética – ainda que a beleza seja parte fundamental da vaidade e da autoestima feminina. Minha busca passou a ser baseada em três fatores principais: ter mais saúde, aumentar a disposição para o trabalho e reduzir as dores. Deixei o objetivo da beleza um pouco de lado e estabeleci metas muito mais realistas para o meu estilo de vida. A partir disso, nos últimos cinco anos, acabei me tornando uma aluna muito mais assídua na academia, consegui reduzir as dores, melhorei o condicionamento e ganhei mais força física. Hoje, minha meta já não é mais o emagrecimento, mas sim a constância do exercício físico. Algumas pessoas podem não ver sentido em frequentar uma academia e não perder peso, mas existe sentido sim, e cada um de nós estabelece o seu, desde que isso proporcione algum resultado positivo, seja direta ou indiretamente.

As pessoas precisam deixar de associar apenas um único significado aos seus objetivos, pois essa é uma maneira muito simplista e limitada de olhar o mundo. A vida nos oferece uma série de possibilidades, e isso deve ser aproveitado por nós, ainda mais quando se trata de algo que nos trará benefícios em longo prazo. Assim, por exemplo, em vez de enxergar apenas os binômios trabalho-dinheiro; dinheiro-sucesso; casamento-felicidade; academia-emagrecimento; comida-alegria, por que não mudar para: trabalho-contribuição; dinheiro-consequência; casamento-cumplicidade; academia-saúde; comida-combustível? No meu caso, o emagrecimento, no momento atual, não é o foco principal, mas a qualquer momento pode voltar a ser, pois acredito que os elementos mais difíceis, como o hábito e a constância da atividade física, eu já pude conquistar ao longo dos anos, por outros motivos mais fortes e duradouros. Pode parecer um paradoxo, mas essa foi a melhor maneira que encontrei para adequar o hábito de frequentar a academia aos valores que fazem mais sentido na minha vida.

Como Criamos os Nossos Significados

Michael Hall, psicólogo americano e autor de diversos livros, é uma das grandes referências no tema dos significados. Ele revela que as pessoas recebem uma série de significados da família, da cultura, da mídia e do círculo social e, em razão disso, essas informações influenciam a criação dos seus próprios significados, os quais podem, com o tempo, ser positivos ou negativos. Assim, quanto mais importante for algo, mais isso vai ativar, no ser humano, respostas e fazê-lo agir. As coisas importantes da vida, para nós, despertam maior interesse, mais força de vontade, e quando isso acontece, o indivíduo recruta todos os recursos possíveis para fazer aquilo se tornar realidade. Por outro lado, fatores insignificantes, não geram a força suficiente para agir, não nos mobilizam, não nos impulsionam. O significado seria a melhor forma de liberar os potenciais humanos e estimular nossas forças. À medida que criamos significados diferentes para cada situação de nossas vidas, desde a comida até o trabalho que realizamos, isso faz com que tenhamos a oportunidade de criar a nossa própria realidade. Mudar o significado de algo é o mesmo que mudar a sua atitude mental[70].

Os significados surgem a partir de eventos que acontecem em nossas vidas, podendo ser herdados ou construídos conforme nossas "lentes". Isso pode ser bom ou ruim. O ser humano associa fatos com emoções, e, a partir dessa associação, criam-se os significados. É por isso que, por exemplo, quando uma criança é violentada por seu pai quando criança, ao se tornar adulta, pode manter uma imagem de que todos os homens são ruins. Imagine uma pessoa que adentra um rio para nadar, e, de repente, depara-se com uma cobra na água. A partir disso, ela pode criar um significado de que nadar no rio sempre vai ser perigoso, pois aquele evento estará associado a uma experiência negativa pela qual ela passou um dia.

Assim, as pessoas muitas vezes esquecem que os acontecimentos da vida são meros eventos, e o fato de algo ter acontecido uma vez, não quer dizer que acontecerá sempre. É claro que uma doença grave, uma perda familiar, um terremoto ou um acidente, são eventos realmente ruins, mas é possível torná-los mais amenos de alguma forma. Aprender a fazer o controle de qualidade dos nossos significados é uma maneira de reduzir os efeitos negativos de eventos ruins, ou de potencializar os efeitos positivos de eventos bons. E a forma como pensamos será decisiva para determinar nossas ações e comportamentos.

O círculo social também influencia nossos significados. Por exemplo, as pessoas costumam dizer que fazer concurso público é algo que exige meses ou até anos de preparo. No entanto, existem pessoas que passam em concursos, para cargos de nível superior, até mesmo antes de termi-

---

[70] (Michael Hall, 2012)

nar a faculdade. Qual a explicação para isso? Pessoas superdotadas? Nem sempre! Além do esforço e dedicação, de repente o significado que alguns dão a um concurso é de que aquilo é um simples teste, em vez de um bicho de sete cabeças. Se você tem dentro de si um significado de que passar em um concurso público é algo difícil e que você ainda não está preparado, talvez você não se esforçará o suficiente para passar, não usará o máximo de recursos internos possíveis, nem o melhor de si, e não terá a motivação necessária; ao contrário daquele que enxerga o concurso como algo possível de passar, e por isso, emprega o máximo de si e de seus conhecimentos para isso. Significado = motivação. Quanto mais forte o significado que você dá para as coisas ao seu redor, maior será a sua motivação.

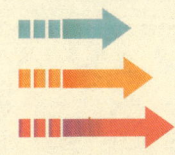

> As pessoas podem, ainda, criar múltiplos significados para uma mesma coisa, logo, quanto mais significados positivos você investe em algo, maior a probabilidade de agir, no entanto, quanto mais eles forem negativos, menos você se esforça.

As pessoas podem, ainda, criar múltiplos significados para uma mesma coisa, logo, quanto mais significados positivos você investe em algo, maior a probabilidade de fazê-lo, no entanto, quanto mais eles forem negativos, menos você se esforça. Além disso, se você percebe que ainda não consegue despertar o seu melhor, pode ser que seus motivos estejam sendo fracos, muito triviais, ou até mesmo tóxicos, e isso não contribui para o seu avanço. Para mudar isso, é preciso que você adicione novos significados e intenções mais elevadas a fim de alcançar o que quer. Michael Hall revela que o ser humano possui, dentro de si, uma "escala de significados", desde os mais insignificantes, passando pelos significados convencionais, até aqueles de alta significância. Por essa razão, o sucesso ou o insucesso do que você pretende alcançar pode estar ligado ao grau de significado que aquilo tem para você.

Então, por exemplo, quando você começa um programa de emagrecimento, se a sua mente começar a pensar em quantas coisas gostosas você vai ter que deixar de comer, o quão difícil e cansativo é fazer exercícios, o quanto demora para ver os primeiros resultados na balança, e ainda quanto tempo do seu dia você vai perder para fazer exercícios, além dos gastos que terá com nutricionista, academia, alimentação etc., provavelmente após isso tudo, você nem vai começar! Ou então, SE começar, logo vai desistir. O significado do prazer imediato, como por exemplo, a comida que deixará de comer, o dinheiro despendido e o tempo, podem ter, para você, um significado mais forte do que a beleza ou o corpo, mesmo que você ache que não. Seus motivos devem ser sustentáveis em longo prazo a fim de que eles sejam mais fortes do que o esforço que você terá que fazer.

No entanto, se você passa a usar múltiplos significados positivos para a mesma ação, pensando que o emagrecimento vai lhe deixar mais bonito(a) e elegante; que isso lhe trará mais saúde; que as despesas para o emagrecimento são bem mais baixas do que as despesas com tratamentos médicos futuros; que a dieta e os exercícios vão deixar você mais disposto(a) e bem-humorado(a), que a musculação vai proporcionar a você mais força e energia no trabalho, e, consequentemente, mais produtividade; que suas roupas antigas voltarão a servir; tudo isso somado certamente aumentará a motivação e lhe ajudará a superar todo o esforço necessário para atingir a sua meta. Quanto mais itens você acrescentar a essa lista, mais a sua motivação se fortalecerá.

Significados estão diretamente ligados à saúde emocional. Infelizmente, pessoas que não conseguem ver significado nem sentido na vida, sentem que tudo é sem graça, e podem acabar perdendo o desejo de viver, tornando-se pessoas sem direção, apáticas, e até mesmo autodestrutivas. Compreenderemos melhor como isso acontece fazendo a leitura do trecho a seguir:

> *"....Dote um ser humano com um significado robusto e inspirador. E mesmo que essa pessoa quase não tenha o que comer e beber, mesmo se ela tiver uma tremenda desvantagem na vida, com significado, não somente sobreviverá, mas também lutará pela vida. Estará energizada para viver de forma significativa e poderá mesmo fazer coisas revolucionárias" (L. Michael Hall)*[71].

Com essa reflexão, é possível ter uma noção do peso dos significados no âmbito da motivação humana. Vejamos mais uma situação: você recebe um convite para a formatura da sobrinha de um ex-colega seu de escola, e está absurdamente cansado nesse dia. Se essa pessoa não for tão próxima de você afetivamente, provavelmente você não estará disposto fisicamente a mobilizar esforços para comparecer ao evento. Provavelmente você nem estará muito interessado em ir. O significado,

---

[71] (Michael Hall, 2012)

que também está ligado ao vínculo afetivo, nesse caso, não é suficiente para gerar uma ação e uma resposta. Por outro lado, se nesse mesmo dia que você está exausto, acontece a tão aguardada festa de aniversário do seu filho pequeno, a sua reação certamente será diferente. Você fará o possível para deixar o cansaço e a preguiça de lado para estar presente e comemorar, da melhor maneira possível, a fim de dar ao seu filho atenção e vê-lo se divertir na festinha, brincar com ele, e tudo mais. O significado afetivo do seu filho é muito maior nesse caso, logo, você terá um motivo muito mais forte e poderoso para superar o cansaço. E é esse motivo que lhe dará um empurrão para se mobilizar, se esforçar mais e se sacrificar naquele momento, independentemente do quão esgotado fisicamente você esteja naquele dia.

Significado e Escolha Profissional – Criar um significado forte em nossas vidas fica bem mais fácil quando conseguimos descobrir como forças, habilidades e interesses podem ir ao encontro das necessidades das pessoas, daquilo que o mundo precisa, e de como podemos direcionar os nossos talentos naturais para essa necessidade. Essa é a melhor forma de não cairmos naquele velho jargão tão disseminado nas mídias sociais e em alguns cursos motivacionais: "Faça aquilo que você gosta", pois sabe-se que nem todas as pessoas podem realmente abandonar suas funções, de uma hora para outra, e agir dessa forma.

Eu sempre fui crítica com relação à atitude de alguns profissionais – infelizmente isso ocorre muito na área de *coaching* –, em estimular pessoas a largarem seus trabalhos em busca da sua paixão profissional, o que pressupõe que você seja o centro do mundo e que somente as suas vontades, seus desejos e sua satisfação sejam importantes. De jeito nenhum! É preciso uma dose de bom senso antes de tomar decisões por impulso e sair jogando tudo para o ar.

Confesso que até eu quase caí nessa, e muitas vezes tive vontade de largar meu trabalho, de uma hora para outra, para fazer apenas o que eu "gostaria de fazer". As coisas não funcionam assim, a não ser para uma minoria. Hoje, agradeço por não ter feito isso, de forma impulsiva, sonhadora e, de certa forma, irresponsável, até porque, graças ao meu trabalho, eu pude construir pouco a pouco realizações em outras áreas que eu tanto desejava, e esse fato já era suficiente para me fazer criar um novo significado para aquilo que realizava diariamente, de forma rotineira.

Trocar de emprego bruscamente nem sempre é a melhor maneira de alcançar o seu propósito, ou a carreira ideal. É preciso, primeiro, uma transformação interior nas nossas crenças, na nossa forma de olhar o mundo e até mesmo da forma de enxergar o valor do trabalho, percebendo o quanto aquilo que fazemos é importante para alguém – mesmo que não pareça importante para nós. Infelizmente, uma simples mudança externa que não é acompanhada de uma mudança interna de mentalidade, não vai alterar em nada a sua insatisfação com o trabalho.

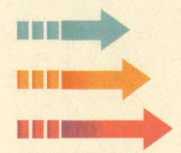

> À medida que você alinha suas tarefas e atividades a algo que tem valor para você, mais agradável seu trabalho se torna.

Além disso, as pessoas precisam do seu trabalho, e muitos não podem se dar ao luxo de largar tudo imediatamente. Se você não pode deixar seu emprego agora, então faça um ajuste na sua atitude mental com relação a ele. Isso é o que alguns autores chamam de *job crafting,* ou "artesanato do trabalho", que consiste nada mais do que construir imagens e significados mais positivos do trabalho que realizamos a fim de torná-lo menos penoso e árduo. Descreva seu cargo com palavras que estejam associadas a algo bom e importante, para você e para os outros. À medida que você alinha suas tarefas e atividades a algo que tem valor para você, mais agradável seu trabalho se torna.

Por exemplo, se você é uma vendedora em uma loja de roupas femininas, seu trabalho pode ter os mais diversos significados. A princípio, você descreveria seu cargo simplesmente como alguém que vende roupas –trabalho mecânico/braçal. Por outro lado, outra pessoa poderia exercer o mesmo cargo, porém, com um diferente significado do que faz. Vejamos a seguir, algumas formas como algumas profissionais da área de vendas ressignificaram seu trabalho: *uma forma de ajudar mulheres a ficarem mais bonitas, bem vestidas e se sentirem bem consigo mesmas, além de eu ficar antenada com as últimas tendências da moda* – valor estético. Outro significado: *meu trabalho é uma oportunidade de conhecer novas pessoas e aumentar a minha rede de contatos pessoais e profissionais* – valor social. E outra forma poderia ser: *fazer o meu melhor para servir mulheres que busca um bom atendimento e um bom produto a fim de que elas possam indicar novas clientes, no futuro, para mim* – valor econômico e empreendedor. E mais uma última opção: *ajudo mulheres a encontrarem o que elas procuram, de forma gentil e educada, do mesmo modo que eu ou qualquer membro da minha família gostaria de ser atendido* – valor familiar e de empatia.

Fazer apenas o que você gosta exige também que você faça o que os outros gostam, senão, seu trabalho não despertará o interesse das pessoas. A questão não envolve apenas VOCÊ, mas os OUTROS. Se as pessoas ao seu redor não estiverem interessadas no seu trabalho, você também não estará. Se as pessoas não estiverem satisfeitas com seu trabalho, você também ficará insatisfeito e frustrado com o que faz. É preciso "casar" as suas necessidades com as necessidades das pessoas. Enquanto ser empregado é desconfortável, pelo fato de termos de acatar as ordens superiores, no trabalho autônomo também é preciso "acatar" ou satisfazer o cliente, o que não é uma tarefa nada fácil. Então, primeiro é preciso trocar a simplória pergunta: "O que eu mais gosto de fazer", por: "O que eu posso oferecer às pessoas, dentro das habilidades que eu tenho, que possa suprir as necessidades delas"? Um trabalho só é bem-sucedido se você colocar a satisfação e a necessidade do cliente no mesmo nível – ou em um nível mais alto – do que a sua satisfação! É isso que cria um mundo de admiradores e de clientes fiéis: um produto de qualidade, um serviço bem feito ou uma entrega maior do que o esperado.

Para aqueles que ainda não encontraram a profissão ideal para suas vidas, essa é uma das melhores formas de encontrá-la: Usar suas forças de assinatura e talentos mais evidentes, suas habilidades, seus desejos e seus interesses para suprir aquilo que as pessoas ao seu redor mais precisam. Em vez de querer se tornar igual a alguém, foque em ser o melhor que você já é naturalmente, praticando, aumentando seu conhecimento e habilidades nas atividades em que você já tem um dom natural. Investir em atividades compatíveis com seus dons e forças naturais economiza muito mais tempo e dinheiro do que investir em seus pontos fracos, ou em atividades sugeridas por alguém do seu círculo social. Além disso, quando a habilidade de uma pessoa combina com o perfil do cargo que ela ocupa, o seu desempenho, seus relacionamentos no trabalho e a probabilidade de ela se manter no emprego se tornam maiores. Isso ocorre porque os desafios do cargo acabam sendo uma fonte de energia para a pessoa, enquanto que, para alguém que não tem aquele talento natural, acabam sendo uma fonte de estresse e esgotamento[72].

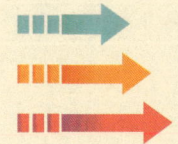

> Quando a habilidade de uma pessoa combina com o perfil do cargo que ela ocupa, o seu desempenho, seus relacionamentos no trabalho e a probabilidade de ela se manter no emprego se tornam maiores.

As relações entre empregados e organizações estão mudando a cada dia, de uma dimensão ligada ao binômio trabalho-salário para trabalho-contribuição-significado. Uma das piores coisas que existem, é quando você é pago para fazer algo que gostaria de fazer de modo diferente do que foi ordenado. Ter apenas o salário como incentivo para o trabalho é menos motivador do que ter vários incentivos **imateriais** juntos, como o reconhecimento, o respeito, a atenção. Funcionários que compreendem a importância do seu trabalho têm três vezes mais chances de continuar no seu trabalho atual.

Além disso, pessoas que são motivadas apenas pelo dinheiro tendem a se isolar mais das outras pessoas e a querer trabalhar sozinhas, de forma competitiva, enquanto que aqueles que são motivados por uma contribuição à sociedade ou à ciência ou a algo maior, tendem a querer trabalhar de forma mais colaborativa, em grupo, para unir seus esforços, em prol de algo grande. A importância de o funcionário saber o quanto seu trabalho é significativo para alguém chega a ser mais efetivo do que o quanto aquilo é significativo para ele mesmo, e isso pode ter um impacto até maior do que ouvir uma simples palestra motivacional na empresa. Por essa razão, diversas organizações começaram a optar por essa nova alternativa, e fazer com que os funcionários saibam a dimensão da sua contribuição para a sociedade.

Muitas pessoas se importam mais em proteger o próximo do que a ela própria, sobretudo em razão da responsabilidade de alguns cargos. Por exemplo, em alguns hospitais dos EUA verificou-se que um cartaz com o aviso "Higienizar as mãos evita que *você* adquira doenças" teve quase nenhum efeito comparado a outro cartaz escrito "Higienizar as mãos evita que *os pacientes* adquiram doenças", o qual acabou aumentando em 45% o uso de sabão e antissépticos para as mãos entre a equipe de saúde em geral. Hoje, o mesmo já é realizado

---

[72] (Rath, 2015)

por empresas de outros setores, como por exemplo, funcionários de fábricas de tratores são convidados a visitar fazendas e ver como seus produtos são utilizados na prática pelos fazendeiros; ou então, a equipe de uma fábrica de equipamentos de diagnóstico de câncer, que recebe a visita de pacientes que sobreviveram à doença; ou então bancários, que têm a oportunidade de conhecer a história de pessoas que realizaram empréstimos com uma baixa taxa de juros, e como isso os salvou de mais dívidas[73].

Trabalho, Carreira ou Chamado?

Apesar de grande parte das pessoas entender o trabalho como algo igual para todos, existem sim formas diferentes de compreender o que realmente significa essa função tão nobre que ocupa cerca de um terço de nossas vidas. De acordo com alguns estudos, as pessoas enxergam seu trabalho basicamente de três formas: como um emprego, como uma carreira ou como um chamado.

Pessoas que veem seu trabalho como um emprego, geralmente estão apenas interessadas nos benefícios e incentivos materiais que irão receber, ou em outras recompensas. Nesse caso, a pessoa não consegue criar um vínculo com o trabalho, pois não o considera importante, pelo contrário, o considera algo chato e entediante, sendo simplesmente um meio para se obter recursos para suprir necessidades do indivíduo e de sua família. Pessoas que veem seu trabalho como uma carreira tendem a focar nos benefícios a longo prazo ligados ao seu progresso profissional, ao prestígio, ao sucesso e ao poder, como títulos, prêmios, promoções, tudo com o fim de conseguir uma posição de respeito na sociedade, o que possivelmente irá influenciar sua autoestima e seu senso de competência técnica. Já as pessoas que compreendem o seu trabalho como um chamado, acreditam nele como algo que lhes proporciona muito mais do que sucesso e dinheiro, tornando-o uma identidade, uma missão, o que lhes proporciona uma satisfação plena. Essas pessoas tendem a desenvolver melhores relacionamentos no trabalho e ter uma vida com mais sentido e satisfação pessoal e profissional. Esses estudos chegaram à conclusão de que aqueles que consideram seu trabalho como um chamado tendem a ter índices menores de absenteís-

---

[73] (Rath, 2015)

mo, menos *turnover*, mais motivação e engajamento e menos problemas de saúde[74].

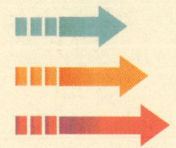

> Pessoas que compreendem o seu trabalho como um chamado, acreditam que aquele lhes proporciona algo muito maior do que sucesso e dinheiro, tornando-se como uma identidade, uma missão.

É claro que uma pessoa pode ter o interesse nas três categorias simultaneamente, mas o que a pesquisa demonstra é que, muitas vezes, quando o trabalho é visto como um chamado, a pessoa gosta de exercer a sua função mesmo que não receba nada por isso. Obviamente, talvez isso não se sustente por muito tempo, até porque todos precisam suprir suas necessidades, mas certamente, é um fator que contribui para que a pessoa persista no trabalho e não desista diante da primeira dificuldade ou obstáculo, já que existe algo a mais que a conecta com a sua função.

Além disso, a pesquisa mostrou que essa classificação independe do cargo que a pessoa exerce, isto é, pode ser que um médico ou um advogado exerça sua profissão apenas como um mero emprego e não como um chamado, assim como é possível que um garçom enxergue seu trabalho como um chamado, entendendo que servir às pessoas seja algo de extremo valor. Aliás, quantos de nós já não fomos surpreendidos pela gentileza e presteza de alguns garçons?

A conclusão que se tem diante disso tudo é que, mais uma vez, a forma como uma pessoa valoriza o trabalho que faz, está diretamente ligada ao nível de importância e significado que ela dá a ele, e é isso que irá direcionar o comportamento e o nível de comprometimento que ela tem dentro da empresa ou organização. Esses dados são de extrema importância para líderes e diretores de empresas, pois possibilita que eles compreendam os motivos que levam cada funcionário a agir de modo diferente no trabalho, e como usar diferentes estratégias motivacionais para cada perfil, já que o que motiva um, pode não motivar o outro da mesma forma.

A boa notícia é que, uma mudança de significado pode mudar a vida e o valor do nosso trabalho. Isso quer dizer que, caso você REALMENTE precise do seu trabalho, mesmo não gostando dele, o único jeito, caso

---

[74] (Wrzesniewski A. e., 1997)

você não queira largá-lo agora, é mudar o seu olhar e dar um novo significado a ele. Existe uma alternativa para "recriarmos o nosso trabalho atual" a fim de aumentar o valor e o seu significado em nossas vidas. Basta se perguntar: por que o seu trabalho existe? Para que serve? Todo trabalho existe para resolver a dor ou o problema de alguém, inclusive o seu, ou para produzir algo melhor para a sociedade ou simplesmente para ajudar alguém.

A partir do momento em que você descobre como o seu trabalho melhora a vida das pessoas, provavelmente vai começar a realizá-lo de outra forma, com mais orgulho, mais admiração, mais satisfação pessoal, mesmo que você tenha um chefe horrível, ou trabalhe em um lugar horroroso. Eu trabalhei durante anos na saúde pública, e como todos sabem, posto de saúde não tem nada de bonito! Esta é, inclusive, uma das minhas críticas dentro do setor público, no sentido de que esses ambientes tenham uma aparência melhor, um ambiente mais agradável, mais alegre. Esses fatores, infelizmente, talvez você não possa mudar, mas é possível que a sua mudança interna gere algum efeito no seu ambiente de trabalho, sem que você perceba.

Busque se dedicar mais às tarefas que você acha mais interessantes no seu cargo, apegue-se aos relacionamentos, interagindo mais com os colegas, e valorize as pequenas contribuições do seu trabalho. Procure se lembrar *por que* você faz o que faz todos os dias. Lembre-se de algum momento marcante do trabalho em que você tenha impactado a vida de alguém, uma imagem, uma frase ou elogio de algum cliente, alguma atitude de alguém que foi muito significativa, e que lhe faça perceber o "porquê" o seu trabalho é importante. Recordar constantemente a sua missão vai lhe motivar a querer contribuir cada vez mais, podendo causar um impacto positivo até mesmo na sua produtividade.

Capítulo **8**

Realização

Esse é um tópico muito ligado às ações e metas que estabelecemos e alcançamos durante a vida, momentos marcantes em que realizamos algo importante e nos orgulhamos por ter conquistado. A realização está diretamente ligada aos objetivos e metas que estabelecemos e, por isso, alguns podem achar que se assemelha muito ao *flow* ou ao conceito de propósito abordados anteriormente. Mas não, existem algumas diferenças, mesmo sabendo que, ao final, todos os elementos se misturam para que objetivos sejam alcançados.

Uma delas se dá com relação ao elemento temporal. O estado de *flow* ocorre geralmente *durante* o processo de construção e desenvolvimento das metas, e é justamente esse envolvimento no processo que provoca um alto engajamento e concentração na tarefa. O significado, ou propósito, considero praticamente atemporal, pois ao mesmo tempo que é um objetivo ligado ao futuro, ele também carrega dentro de si uma série de valores, ideais, ambições e elementos que podem ter sido internalizados tanto no passado, quanto no presente, a fim de promover um bem maior futuro, mas que ainda não foi alcançado. Já a realização é a conquista em si. É curtir o sabor da vitória e valorizar todo o esforço, despendido. Sentir-se realizado é a sensação de missão cumprida, de ter chegado até o final e de olhar para trás e sentir que tudo o que aconteceu valeu a pena. É um presente que você dá a si mesmo como recompensa pelas ações que praticou para atingir seus objetivos.

Muitas vezes chegamos ao fim do dia ou da semana e percebemos que o tempo passou rápido demais, o que muitas vezes é frustrante, pois cada segundo representa uma parte da nossa vida que desaparece, sem notarmos. O que faz alguém se sentir realizado é a sensação de ter feito algo, pois esses são momentos que ficam na memória e são revividos ao longo do tempo, como parte do nosso sucesso, e até mesmo uma simples recordação, já faz a pessoa se sentir bem. A realização também é uma forma de gratidão pessoal, agradecer mentalmente não só a si próprio, pelos acontecimentos e pela superação, mas agradecer às pessoas que contribuíram de alguma forma, que cruzaram nossos caminhos, ou simplesmente, àqueles que ficaram e ainda estão ao nosso lado.

O sentimento de satisfação plena gerado pela realização é a forma mais duradoura de felicidade que o ser humano pode sentir, algo que não é efêmero, pelo contrário, pode ser revivido durante toda a vida, com orgulho e alegria. A realização pode ser interpretada de diversas maneiras, pois é algo muito individual. Acredito também que aqueles que têm o senso de gratidão mais desenvolvido, possuem a chance de saborear suas realizações com mais profundidade, pois levam em consideração, coisas que, para outras pessoas, seriam irrelevantes ou "normais", passando despercebidos nos olhos de quem não valoriza os simples presentes que a vida nos dá.

Para uma pessoa se sentir realizada, não é preciso que ela olhe somente para grandes eventos da vida, como o dia do casamento, o dia de sua formatura, o nascimento dos filhos entre outros. A realização também vem de pequenas vitórias, senão, teríamos que esperar anos para sentirmos que fizemos algo de valor. Podemos nos sentir realizados em diversos momentos do dia, como por exemplo, quando conseguimos entregar um trabalho na faculdade ou na escola, quando conseguimos atender a um cliente difícil no trabalho e resolver seu problema, quando somos capazes de cumprir um treino completo na academia mesmo diante da preguiça, ou quando se consegue completar uma corrida de um, dois, três, cinco ou dez quilômetros.

Parece algo bobo para quem já é mais experiente, mas para uma pessoa sedentária, uma simples caminhada de 30 minutos é uma supervitória, e isso deve ser valorizado sim, para que ela seja estimulada a repetir ou fazer um pouco mais no dia seguinte. O mesmo deve acontecer em empresas. Valorizar as pequenas melhorias do funcionário torna-se um fator a mais de motivação para que ele repita o comportamento.

O que faz as pessoas chegarem a um balanço bom ou ruim da sua vida é o modo como elas avaliam os eventos como um todo: fixando-se apenas na lembrança negativa da dor, do erro, do que falhou ou valorizando os eventos positivos e o aprendizado proporcionado pelas experiências negativas que as tornaram ainda mais preparadas para enfrentar os desafios da vida.

A realização é uma excelente fonte de energia para alcançar metas futuras, pois impulsiona a pessoa a alcançar seus objetivos, além de ser uma forma de manter uma "fonte-reserva" para aqueles momentos desafiantes em que é difícil ser positivo. Refletir e celebrar as realizações é um modo de alimentar a conquista de metas e ampliar a capacidade de resistência contra a adversidade. A consequência é que isso tudo constrói mais positividade, fortalece a resiliência e nos dá uma ideia do quanto somos bons, promovendo um ciclo de gratidão e positividade, para nós e para aqueles que nos rodeiam.

Segundo Seligman, a realização é um elemento buscado até mesmo quando não produz emoção positiva, sentido ou relacionamentos positivos. Ele revela que muitos nomes famosos que hoje são associados à filantropia, um dia não viam esse sentido maior, buscando a vitória apenas pela vitória, independentemente de quantas pessoas fossem beneficiadas ou não.

O autor afirma ainda que o objetivo da Psicologia Positiva não é *prescrever* às pessoas o que fazer, mas apenas *descrever* aquilo que os seres humanos fazem para obter o bem-estar, e por essa razão, o fato de ele ter incluído a realização no modelo PERMA não quer dizer que "vencer" seja um comportamento ideal a ser feito pelas pessoas a todo custo, como alguns fazem para se sentirem realizados. Apesar do ideal ser que a realização seja algo que possa, de certa forma, beneficiar pessoas, existem várias formas de alguém encarar as suas vitórias, desde as mais sórdidas e egoístas, que buscam apenas a superioridade sobre o outro, até aquelas que trazem ao indivíduo um senso de gratidão, otimismo e bem-estar, motivando a busca de mais ações que visem o bem comum[75].

Realização e Autorrealização

Alguns autores já falam sobre um outro tipo de realização, semelhante em sentido, mas com algumas diferenças sutis: a autorrealização. Um dos primeiros a falar sobre o tema foi Abraham Maslow. A autorrealização ocorre quando o ser humano consegue explorar o máximo do seu potencial, fazendo o melhor que ele é capaz, explorando o máximo de seus recursos e habilidades cognitivas, sociais e emocionais.

Pessoas autorrealizadas tendem a se arriscar mais, orgulham-se de si mesmas, se aceitam, mesmo com suas imperfeições, e são humildes. São pessoas que fazem as coisas sem se preocupar com o resultado final, mas sim pelo prazer da própria atividade, e é justamente isso que as motiva: o aprendizado e o crescimento, e não as necessidades. Indivíduos autorrealizados possuem propósitos, metas, objetivos, são gratos pelo que têm e não se importam com os fracassos. Geralmente são independentes e tomam suas próprias decisões, tendo autonomia e responsabilidade pelo seu destino. Buscam dar uma contribuição mais ampla para a humanidade.

---

[75] (Seligman M. E., 2011)

Dentro da Neurossemântica, por exemplo, a fórmula da autorrealização seria a soma dos nossos significados mais robustos com a performance. Os significados seriam o "motor", ou seja, a nossa motivação, inspiração que impulsionaria o nosso corpo para agir e tornar tudo realidade. A performance são nossos comportamentos, ações, habilidades, competências, experiências e resultados obtidos. Juntos, significado (mente) e performance (corpo), fazem a combinação perfeita para que as pessoas realizem o melhor de seus potenciais. Significado e performance possibilitam a combinação do saber com o fazer. Apenas o conhecimento, ou, o saber, sem a ação, não completa o objetivo. Do mesmo modo, fazer, sem saber, provavelmente trará resultados insatisfatórios[76].

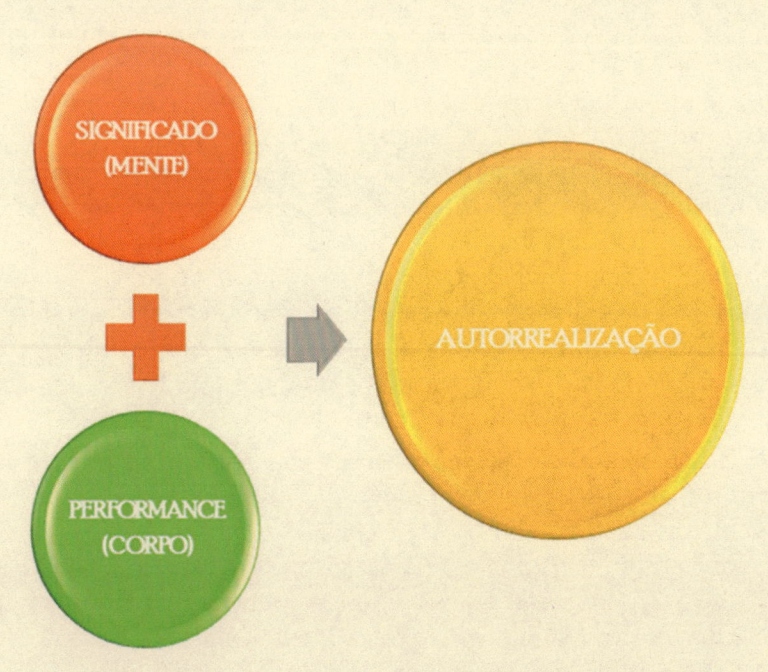

Figura – Modelo de Autorrealização segundo a Neurossemântica

---

[76] (Michael Hall, 2012)

Savoring

A palavra *savoring* vem do inglês e quer dizer "saborear" (ou saboreando). Esse termo é muito empregado na Psicologia Positiva para estimular emoções positivas nas pessoas. O *savoring* pode ser feito de diversas formas, e pode ser empregado tanto para eventos do passado, do presente, como do futuro. Um dos exemplos do *savoring* presente é quando estamos, por exemplo, imersos na natureza, apreciando o pôr do sol, as ondas da praia, a presença dos amigos e família ao nosso redor. Já o *savoring* passado é quando nos deparamos com fotos da nossa juventude, dos nossos aniversários de infância, das festas da faculdade, ou então quando assistimos a um vídeo antigo, com lembranças positivas.

O *savoring* aplicado ao futuro ocorre quando antecipamos, mentalmente, as sensações positivas das metas que queremos alcançar ou de algo que queremos fazer. Isso acontece quando, por exemplo, um aniversariante fica feliz ao aguardar, com expectativa, o dia do seu aniversário, imaginando como será a festa, quais amigos estarão lá, que presentes ele irá ganhar. Outro exemplo é quando aguardamos ansiosamente por uma viagem tão planejada e esperada, e juntamos a curiosidade à expectativa do que iremos vivenciar em breve, ao imaginar cada detalhe, cada lugar visitado. A realização projetada no futuro, na forma de *savoring*, com a utilização de fotos, artigos ou listas de metas, torna-se uma fonte de energia para que as pessoas se esforcem ainda mais para alcançar metas futuras.

No caso da realização pessoal, mais especificamente, as pessoas costumam realizar o *savoring* lembrando de conquistas passadas. Outra forma interessante de utilizar essa técnica é associar o *savoring* às forças de assinatura. À medida que olhamos para tudo que já conquistamos, é possível detectarmos quais as forças contribuíram mais para que alcançássemos nossos objetivos, e como aquilo colaborou para o nosso sucesso. Essa é uma forma de sabermos o que contribuiu para que as coisas dessem certo.

No ambiente de trabalho, o *savoring* pode ser de grande valia, também. Se a forma como trabalhamos faz com que tudo pareça fácil, nem sempre isso é valorizado pelas pessoas ao nosso redor. Se você aprecia sua própria contribuição e a reconhece como diferente daquelas feitas pelos outros, desenvolver o hábito de saborear suas próprias realizações, faz com que os outros também as apreciem. Refletir sobre nossas realizações mais significativas nos ajuda, ainda, a identificar nossos pontos fortes, ou seja, as forças pessoais que nos ajudaram a conquistar nossos objetivos, a fim de que possamos utilizá-las ainda mais futuramente, como por exemplo, a coragem, o autocontrole, a prudência, a criatividade, a espiritualidade, a sociabilidade, a gratidão, a perseverança, o otimismo, o entusiasmo, a generosidade, entre outros.

Infelizmente, a maioria das pessoas tem uma memória "curta", e se não fizermos o registro dos momentos em que superamos desafios no trabalho, nem todos vão se lembrar. Por essa razão, é importante registrar metas atingidas, tirar fotos do antes e depois, ter um registro, escrito ou em imagem, de clientes satisfeitos etc. Todos esses "lembretes" podem não só agregar ao nosso currículo, como ainda, mostrar evidências de que um dia contribuímos, de alguma forma, para a empresa ou organização, influenciando os resultados alcançados. Obviamente, as realizações são algo que nos trazem benefícios, e se nós mesmos não as valorizarmos, provavelmente poucos, ou ninguém, irá fazê-lo.

O Caminho da Realização

Motivação + Metas + Garra + *Mindset* de Crescimento

A maioria das referências e pesquisas dentro da Psicologia Positiva, quando fala sobre realização, automaticamente fala sobre metas. Isso porque as pessoas só se realizam porque um dia estabeleceram algum objetivo importante e trabalharam duro para conseguir alcançá-lo. A realização está ligada às conquistas, e, para se conquistar algo, é preciso haver uma motivação (significado), um direcionamento (meta), um plano de ação (etapas), um prazo (tempo) e garra (disciplina + persistência). O resultado dessa equação é a realização pessoal. Logo, percebe-se que a realização é apenas o resultado final, ou seja, é a parte boa! E como falar somente sobre resultados seria muito simplório, vamos falar sobre *como* chegar a eles, então.

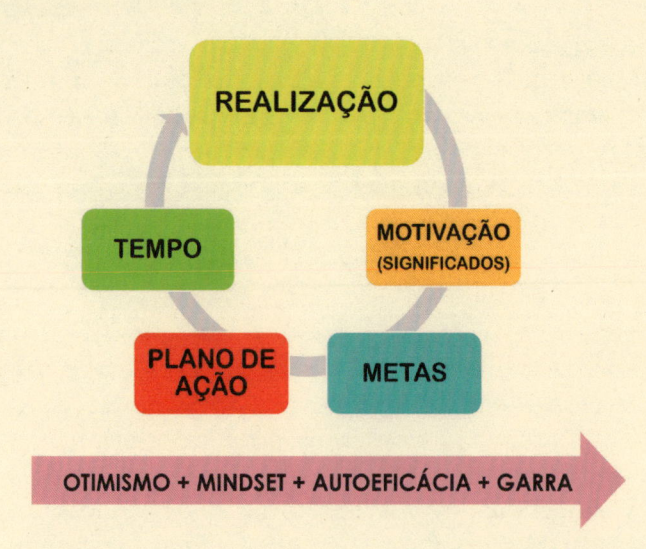

```
        REALIZAÇÃO
   TEMPO      MOTIVAÇÃO
              (SIGNIFICADOS)
   PLANO DE   METAS
   AÇÃO
   → OTIMISMO + MINDSET + AUTOEFICÁCIA + GARRA
```

Aqueles que já atuam como *coaches* vão encontrar muitos elementos já conhecidos aqui, já que o *coaching* se tornou conhecido justamente por trabalhar muito com metas e objetivos. Assim, toda vez que uma pessoa busca alcançar algo *a longo prazo*, é importante que ela se atente a alguns detalhes, para não perder a motivação no meio do caminho. Primeiro, dividir um grande objetivo em pequenas metas facilita o processo e motiva mais a continuar. Em segundo lugar, as metas, devem ter algumas características básicas, como: ser algo possível de ser alcançado, serem mensuráveis, específicas, relevantes, e, sobretudo, serem delimitadas por um prazo. Esse último item é de extrema importância, pois o tempo é algo precioso, e se a pessoa não definir e respeitar um prazo para realizar algo, ela corre o sério risco de perder o comprometimento e abandonar tudo no meio do caminho.

Vamos dar um exemplo clássico. Você quer emagrecer (meta), por exemplo, e estabelece que quer perder cinco quilos em um mês (tempo), fazendo dieta diariamente, e indo à academia cinco vezes por semana (plano), para se sentir mais disposta fisicamente (sentido). Dessa forma, haverá uma certa "pressão" de tempo que irá estimulá-la a se comprometer com esse resultado. No entanto, se você simplesmente "quer emagrecer" e ponto, seu objetivo se torna muito vago e solto. Não é específico, pois não determina o "quanto" você quer emagrecer (inespecífico), nem "como" (sem estrutura/plano), nem "onde" (sem local), nem "quando" (sem tempo), nem "porque" (sem um sentido).

A importância de se ter metas bem estabelecidas, é que criamos um senso de propósito, evitando a procrastinação. Isso aumenta o nosso interesse e a vontade de agir; nos estimula a usar o tempo de forma mais inteligente e a ter mais estabilidade, em vez de ficar mudando de direção o tempo todo. É fundamental que os objetivos estejam alinhados com os valores mais importantes que uma pessoa tem. Valores podem ser os mais diversos possíveis, como por exemplo, a família, o trabalho, valores religiosos, valores culturais, sociais, a excelência, amorosidade, o respeito, entre outros. O conteúdo dos objetivos varia de pessoa para pessoa, mas o ideal é que se busque algo que proporcione satisfação e bem-estar no futuro, isto é, em vez de buscar algo fugaz, busque algo mais duradouro, que realmente valha a pena.

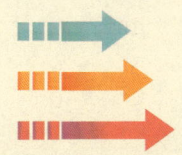

> A importância de termos metas bem estabelecidas é que criamos um senso de propósito, evitando a procrastinação. Isso aumenta o nosso interesse e a vontade de agir.

Outros benefícios de se estabelecer metas é que isso possibilita uma noção do progresso e de quanto falta para chegarmos à reta final, ajudando a criar um foco maior para estabelecer prioridades e ter mais clareza do que queremos.

Outra dica: metas devem ser sempre no modo afirmativo, e não no negativo. Os objetivos devem ser construídos com base naquilo que **"queremos"**, em vez daquilo que **"queremos evitar que aconteça"**. Pessoas que buscam os chamados objetivos de evitação no lugar dos objetivos de afirmação, acabam gastando mais energia, pois em vez de se energizarem em direção àquilo que esperam alcançar no futuro para lhes trazer satisfação, acabam gerando um estresse a mais justamente pelo fato de ainda ficarem pensando naquilo que elas **não** querem que aconteça.

A motivação é o motor que vai fazer com que as metas se realizem e, por essa razão, é melhor que as pessoas se baseiem em metas intrínsecas, de preferência ligadas às suas forças internas, que estejam alinhadas, de forma autêntica e congruente, com seus valores, e que sejam baseadas em uma atividade real e possível, ao invés de uma circunstância que não está totalmente sob o seu controle.

Buscar a motivação intrínseca, aumenta as chances de que seus objetivos sejam alcançados e de que você tenha um bem-estar mais duradouro. Assim, se você quer mudar para um emprego melhor, e sua busca está ligada apenas à expectativa de um salário maior, e nada mais, você corre o sério risco de ser uma pessoa eternamente insatisfeita com o trabalho, além de estar sujeita ao estresse e à somatização desse estresse no seu corpo.

Otimismo

O otimismo é um elemento extremamente relevante para se alcançar metas. Mas deve ser um otimismo realista, onde são considerados também os riscos envolvidos. Seligman ficou mundialmente conhecido ao estudar o otimismo mais profundamente em sua teoria do desamparo aprendido.

Segundo ele, otimistas e pessimistas têm estilos diferentes de interpretar situações. Pessoas pessimistas são catastróficas, acreditam que eventos ruins são permanentes, generalizam os fatos, acreditam que SEMPRE acontecem coisas ruins na vida delas, e que esses acontecimentos são algo pessoal e incontrolável, ou seja, não há solução, nem nada que elas possam fazer para resolver ou evitar. Isso as torna pessoas mais passivas, o que faz com que acabem se distanciando cada vez mais dos seus objetivos.

Já os otimistas acreditam que eventos ruins não acontecem por sua culpa, mas por uma série de fatores, incluindo interferências externas, além de ser algo temporário, que só ocorre em algumas situações, acreditando assim que, para tudo, existe uma solução. Otimistas acreditam que alguns eventos ruins são controláveis, ou seja, sempre há algo que se pode fazer para evitar ou melhorar a situação. Eles interpretam os acontecimentos como algo que acontece EVENTUALMENTE, e sabem que aquilo ocorreu por alguma causa específica.

O otimismo aprendido está ligado ao ambiente em que as pessoas vivem, e isso tem grande influência sobre as crianças durante a fase de crescimento, pois famílias que oferecem um ambiente mais seguro, compreensivo, tendem a gerar adultos mais otimistas no futuro. Segundos alguns autores[77], pessoas que assistem à televisão com frequência, por exemplo, acabam tendo uma tendência maior a desenvolver o pessimismo. Cenas de violência, notícias negativas, reportagens parciais que revelam apenas uma única versão dos fatos, acabam levando pessoas a

---

[77] (Snyder & Lopez, 2009)

adotarem um estilo de pensamento generalista, baseado em tudo aquilo que elas veem ou "ouviram falar".

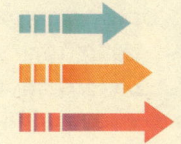

> O otimista foca nas partes que ele pode mudar e aceita aquilo que ele não pode, em vez de lamentar e brigar com aquilo que não está sob o seu domínio, como o pessimista faz.

Assim, um dos traços do otimismo é a percepção. Otimistas têm mais habilidade em identificar problemas e prever resultados. Tendem a ver uma situação ruim mais como um desafio, do que como uma ameaça. Desafios são melhor aceitos por nossa mente e geram a vontade de superação, diferente da ameaça, a qual nos paralisa. O otimista também sabe o que ele pode controlar e o que não pode, enquanto o pessimista vê tudo como incontrolável. O otimista foca nas partes que ele pode mudar, e aceita aquilo que não pode, em vez de lamentar e brigar com aquilo que não está sob o seu domínio, como o pessimista faz.

Essas características do otimismo são fundamentais para as metas. É um pensamento mais flexível e congruente, que estimula a persistência e a resiliência diante dos fracassos que todos têm que enfrentar. Sem otimismo, as pessoas desistem, a meta não se conclui e o objetivo não se realiza. O otimismo é uma característica que contribui profundamente para a realização, levando pessoas a terem melhores desempenhos acadêmicos, profissionais, maior satisfação nos relacionamentos, melhor saúde física, menos vulnerabilidade à depressão e a adquirir a habilidade de enfrentar melhor as adversidades. Pessoas otimistas têm estilos de vida mais saudáveis, pois acreditam que seus hábitos podem mudar sua condição, enquanto os pessimistas pensam que não vale a pena[78].

É importante observar, diante de tudo isso, que o otimista tende a ter uma postura mais ativa, ao contrário do pessimista, que tende a se mais passivo diante da vida. À medida que o otimista visualiza novas possibilidades no futuro, ele age mais, se esforça mais, insiste e trabalha duro para alcançar resultados melhores, e por isso, esses resultados melhores acabam acontecendo, mais cedo ou mais tarde. O otimismo não é uma mera força do pensamento, nem um delírio ou uma expectativa irreal. Ele acontece porque, em vez da pessoa simplesmente visualizá-lo mentalmente, ela caminha na direção daquele pensamento, de forma proativa,

---

[78] (Seligman M. E., 2011)

praticando as ações necessárias, sem esperar que algo ou alguém resolva para ela, ou lhe traga alguma solução mágica. De modo contrário, o pessimista não age. Não busca mudar a sua situação e, se tenta mudar, geralmente não é com o mesmo nível de esforço que um otimista o faz. O pessimista muitas vezes espera que os outros façam algo para mudar as circunstâncias, ao invés dele mesmo tentar fazer isso. Esse comportamento leva a uma postura de inércia diante da vida, bem como de vitimização, pois a longo prazo, por não buscar mudar sua situação, o pessimista acaba confirmando a derrota que havia previsto antes, caindo na famosa profecia autorrealizável. E o pior, acaba desanimando outras pessoas ao redor, mostrando que qualquer esforço para se alcançar determinado objetivo será inútil e não valerá a pena. Resumindo: Otimistas tentam mais, enquanto os pessimistas acabam desistindo antes mesmo de começar! *Consequência*: os pessimistas sentem mais frustração por **não terem tentado** e nem conseguido realizar seus objetivos, o que reforça ainda mais seu pensamento pessimista sobre a vida.

A Autoeficácia

A autoeficácia é um conceito criado pelo psicólogo Alfred Bandura, e se tornou bastante popular ao longo dos anos por ser uma crença por meio da qual a pessoa acredita na sua capacidade de realizar algo através de suas ações. De forma mais simples, isso significa: acreditar que você é capaz. Esse conceito mistura elementos como controle pessoal, obstinação e motivação, e é um padrão de pensamento aprendido, e não algo herdado geneticamente.

Alguns fatores que contribuem e influenciam esse padrão são o apoio social de pessoas que confiam em nossa capacidade, aliado às emoções positivas geradas pela atividade que fazemos, e à inspiração por meio de outros modelos de sucesso. Ter experiências pessoais anteriores semelhantes de sucesso e uma perspectiva futura de que aquilo pode dar certo, também são características desse comportamento[79].

A autoeficácia está ligada ao otimismo, à força de vontade, à autoestima e à autoconfiança. Para que uma pessoa acredite que é capaz de realizar algo, ela deve ter consciência do seu valor e da sua competência. As crenças que uma pessoa tem com relação à sua capacidade vão influenciar suas escolhas, sua motivação, a qualidade do seu trabalho e até

---

[79] (Snyder & Lopez, 2009)

mesmo gerar mais ou menos vulnerabilidade ao estresse ou a depressão. Essas crenças em si também irão ajudar o indivíduo a persistir diante dos obstáculos e continuar mesmo assim, acreditando na possibilidade de realizar a tarefa até o final, independentemente do resultado.

Garra

Essa é uma das características mais presentes nas pessoas bem-sucedidas. A garra, à primeira vista, parece ser muito parecida com a perseverança, mas não é. Ela tem algo a mais. É uma mistura de *perseverança extrema*, *esforço*, *paixão* e muita, mas muita *força de vontade* em direção a um objetivo. Angela Duckworth, a maior representante desse tema, afirma que são quatro os componentes psicológicos da garra: o interesse (a paixão por algo); a prática (disciplina diária); o propósito (ser algo importante); e a esperança (acreditar que as coisas vão melhorar)[80].

Figura 4 - Componentes psicológicos da Garra, segundo Angela Duckworth

---

[80] (Duckworth, 2016)

Segundo Seligman, a vontade e o caráter são elementos fundamentais na Psicologia Positiva, e o esforço humano seria uma característica fundamental para a pessoa alcançar a realização. Ele afirma que a prática, quando realizada repetidamente, torna a pessoa mais rápida naquilo que faz, pois o conhecimento é internalizado a ponto de tornar aquela habilidade algo automatizado[81].

A *prática deliberada* nada mais é do que a soma do esforço e da quantidade de tempo que a pessoa se dedica àquela tarefa. No entanto, o que sustenta o esforço é a *autodisciplina* e o autocontrole, elementos que nos fazem manter uma rotina e sacrificar outras atividades em prol daquela meta que desejamos alcançar, não nos deixando levar pela preguiça, pelo desânimo ou por outras distrações. A autodisciplina faz com que a pessoa mantenha uma certa constância naquilo que faz, repetindo algo por horas até conseguir alcançar o melhor resultado possível. A velocidade é algo que está ligada à inteligência humana, mas de forma diferente, já que a rapidez leva à automatização do aprendizado, enquanto a lentidão leva ao refinamento e à criação. Quando a pessoa, após meses ou anos de prática, domina a atividade com rapidez e habilidade, lhe sobra mais tempo para planejar e criar algo novo, usando a chamada função executiva do cérebro[82].

A disciplina nos estudos, por exemplo, é alcançada quando o aluno dedica horas do seu dia para a leitura e exercícios, buscando assimilar o máximo do conteúdo, até que aquilo se torne mais absorvido e mais simples na sua mente do que quando ele começou. A disciplina de um atleta, ao nadar ou correr "x" quilômetros por hora, é alcançada à medida que ele condiciona seu corpo com horas de exercício, até se tornar mais veloz. Essa velocidade leva ao domínio da técnica. Do mesmo modo, um pianista ou um violinista, ao iniciar suas aulas de música, aprende nota por nota, de forma lenta e contínua, até que, após alguns anos, passa a tocar de forma rápida e automática.

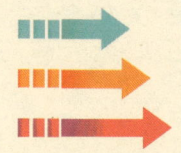

A garra é uma espécie de disciplina ligada ao esforço e a um nível alto de persistência. O tempo é um elemento fundamental nesse processo, e por essa razão a garra está ligada à repetição.

---

[81] (Seligman M. E., 2011)
[82] (Seligman M. E., 2011)

A autodisciplina leva apenas a um bom desempenho de algo, enquanto a garra, misturada à paixão e a um alto nível de persistência, leva a pessoa ao desempenho extraordinário. O esforço, ou seja, o tempo que uma pessoa gasta até se tornar competente em algo, multiplica a sua habilidade, seu conhecimento e seu progresso em direção ao objetivo. Talvez isso explique por que alunos inteligentes, de alto Q.I., nem sempre conseguem o sucesso que gostariam, e por que alunos que nunca se destacaram em sala de aula se tornam empreendedores de sucesso no futuro. É porque lhes falta um elemento fundamental, que é uma dose a mais de esforço, a garra. Segundo alguns autores, o Q.I. (coeficiente de inteligência) hoje não é mais indicativo de sucesso nos estudos ou no trabalho, mas sim a garra, e por isso ela é considerada, por muitos, como o novo Q.I. do século.

A garra é uma espécie de disciplina ligada ao esforço e a um nível alto de persistência. O tempo é um elemento fundamental nesse processo, e por essa razão, a garra está ligada à repetição, à quantidade de tempo que uma pessoa está disposta a se dedicar e insistir em determinada tarefa até conseguir o que quer. Outro dado interessante é que a garra se torna maior conforme a idade, ou seja, jovens tendem a ter menos garra do que os mais velhos, e pessoas acima de 65 anos tendem a ter mais garra do que as de outras faixas etárias[83]. Não se sabe ainda até que ponto isso é unânime e por que acontece, mas pode-se deduzir que a idade está ligada às experiências acumuladas, à sabedoria, à capacidade de esperar, insistir, e sobretudo, ao valor do tempo.

Enfim, o mecanismo da garra funciona, de forma resumida, mais ou menos assim: Primeiro, precisamos descobrir o que realmente gostamos, e é preciso que nossos interesses sejam ativados de forma repetida para nos tornarmos habilidosos naquilo. Existem várias formas de ativá-los. Podemos fazer uma série de perguntas a fim de descobrir propósitos, valores, ou então começar fazendo as coisas que nos atraem e vivenciar novas experiências até descobrir o que nos atrai mais. Em seguida, é preciso mergulhar na prática, ou seja, estabelecer uma meta, concentrar-se totalmente nela (*flow*), ter um *feedback* sobre o que foi feito, e então repetir, até obter a maestria, ou seja, fazer a mesma coisa várias vezes para que a habilidade se torne automatizada[84]. Para manter isso, é preciso um propósito, algo forte o suficiente que suporte os desafios da

---

[83] (Seligman M. E., 2011)
[84] (Duckworth, 2016)

tarefa, e que ao mesmo tempo seja importante tanto para nós como para as outras pessoas. E, aliada a isso, é indispensável a esperança, a qual é praticamente o sinônimo do otimismo, dando a força suficiente para persistirmos na tarefa até o fim.

Mindset (Mentalidade)

Pensar de modo disfuncional e limitado é um obstáculo capaz de minar a garra de uma pessoa e destruir qualquer meta grandiosa, mesmo que o propósito seja forte. Carol Dweck, psicóloga especialista nesse tema, revelou que existem dois tipos básicos de mentalidade (ou *mindset*) nos seres humanos: o *mindset fixo* e o *mindset de crescimento*.

Mindsets, ou mentalidade, são crenças ligadas à forma como a pessoa vê o mundo, que se solidificam ao longo da vida e se incorporam ao modo de se pensar e de se comportar. Pessoas que têm um **mindset fixo** se consideram especiais, superiores e melhores do que os outros, querendo o tempo todo provar o seu valor e conquistar a aprovação daqueles ao seu redor, pois não suportam o fracasso. Desejam algo mais imediato, querem provar que são inteligentes e que têm sucesso, temem situações desafiadoras e, quando estão diante de alguma adversidade, tendem a desistir ou ficar paralisadas. Não gostam de desafios, pois quando estão diante de algo que não sabem fazer, tendem a perder o interesse na tarefa, em vez de querer aprender algo novo. Pessoas com essa mentalidade procuram se envolver apenas com tarefas em que se sentem seguras, nas quais não há um risco tão grande de errar ou falhar. Geralmente não sabem lidar bem com os erros, e quando isso acontece, encaram como uma falha pessoal, e não como um processo de aprendizado normal.

Já as pessoas com um **mindset de crescimento**, são o oposto. É o desafio que as estimula, que lhes dá energia. Elas acreditam que, por meio do esforço e da experiência, podem mudar e se desenvolver. São mais perseverantes, resilientes e criativas. Enquanto no *mindset fixo* o fracasso é algo ruim, no *mindset de crescimento* é justamente o fracasso que estimula o crescimento do indivíduo. Aqui, é o esforço que mede a inteligência de uma pessoa, enquanto que lá, são as características fixas que fazem isso. Essas pessoas geralmente prosperam quando vão além dos seus limites, e são ainda mais estimuladas pelas adversidades. Em outras palavras, no *mindset de crescimento*, o foco é o **desenvolvimento**, enquanto que no *mindset fixo*, o foco é a **autoafirmação**. Pessoas de *mind-*

set fixo têm mais chances de ficarem deprimidas, pois ruminam os erros que cometeram e os problemas que precisam enfrentar. Isso faz com que elas acabem ficando paralisadas, em um estado de inércia, em vez de tentar reagir. Por outro lado, aqueles que possuem o *mindset* de crescimento, quanto pior se sentem, mais vontade e determinação terão para enfrentar as dificuldades e reverter a situação[85]. Todos nós podemos ter, ao mesmo tempo, os dois tipos de *mindset*, dependendo das circunstâncias, mas o ideal é que possamos adotar o *mindset* de crescimento em todas as esferas da vida. A boa notícia é que o *mindset* fixo pode ser mudado, caso a pessoa se esforce para isso.

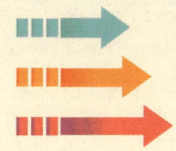

> Pessoas que possuem um *mindset fixo* se consideram especiais, superiores e melhores do que as outras, querendo o tempo todo provar o seu valor e conquistar a aprovação daqueles ao seu redor.

Observa-se algumas semelhanças do *mindset* com relação ao *otimismo*. Acredito que a diferença básica está no resultado esperado, ou seja, enquanto no otimismo a pessoa busca mudar a situação, na esperança de que as coisas melhorem, no *mindset* de crescimento esse fator é indiferente, já que o objetivo da pessoa é o desenvolvimento, o aprendizado e o crescimento, independentemente se o resultado final vai ser positivo ou não. Além disso, o modo de pensar otimista geralmente está mais ligado às circunstâncias externas, enquanto o *mindset* é uma característica mais interna, uma crença pessoal com relação à nossa pessoa e às nossas capacidades.

Quanto mais fechada a mente de uma pessoa, mais o seu medo de não ser boa o suficiente irá se confirmar, já que ela não está aberta nem disposta a fazer esforços para mudar ou aprender. São essas atitudes que a limitarão ainda mais a conquistar aquilo que deseja, tornando seu desempenho inferior àqueles indivíduos que estão dispostos a ampliar as suas habilidades. Consequentemente, pessoas com essa mentalidade não conseguirão enfrentar metas desafiadoras, nem persistir diante das dificuldades por muito tempo. O resultado disso é um acúmulo de frustrações e fracassos, um estado de impotência, que certamente afetará o nível de bem-estar, além, é claro, de comprometer as realizações pessoais, as quais provavelmente serão mais "pobres" do que daqueles que se aventuraram a ir mais longe.

---

[85] (Dweck, 2017)

Capítulo **9**

Mindfulness

> *"Mindfulness é a simplicidade em si mesmo. Trata-se de parar e estar presente. Isso é tudo"* (Jon Kabat-Zinn).

A palavra *mindfulness*, traduzida para o português, significa "estar presente", um conceito que durante muito tempo esteve associado às práticas de meditação budistas, que se originaram há mais de 2.000 anos atrás. No entanto, a prática de *mindfulness* também está presente, de formas e por meio de rituais diferentes, em outras religiões, como no hinduísmo, no judaísmo (cabala), no cristianismo, no islamismo (sufismo), entre outras. Cada religião ou doutrina foi agregando elementos específicos a essa prática, como a paciência, humildade, introspecção, gratidão, espiritualidade, fé, tranquilidade e calma. Mas a principal característica, em todas elas, é o estado de consciência mais ampliado.

À medida que foi se popularizando, a prática de *mindfulness* deixou de ser associada às práticas religiosas e tornou-se uma prática ligada à saúde e bem-estar. Um dos nomes mais famosos, quando se fala em *mindfulness*, é Jon Kabat-Zinn, criador do método de *mindfulness* de redução do estresse. Foi ele quem trouxe o conceito atual do *mindfulness* como uma forma de fazer as pessoas focarem a atenção no momento presente, afim de evitar distrações em meio a pensamentos, críticas e julgamentos. Outra definição que surgiu sobre o *mindfulness* é que ele seria uma espécie de autorregulação da atenção, onde se estimula uma atitude de curiosidade, abertura e aceitação.[86]

Excesso de Pensamentos – Caos, Distração e Estresse

A mente humana produz pensamentos com uma velocidade impressionante, e além disso, existe mais um fator que aumenta esse fluxo, chamada "metacognição", que representa todos aqueles pensamentos que temos sobre nossos próprios pensamentos ou sentimentos, ou seja, é o pensar sobre o que estamos sentindo, pensar sobre o que estamos fazendo ou vamos fazer, ou sobre o que já fizemos. Ao final do dia, isso se torna um verdadeiro caos na nossa cabeça, e não é à toa que as pessoas se sentem tão esgotadas. É esse caos que faz com que milhões de indivíduos vivam em um eterno estado de estresse e ansiedade, com falta de organização,

---

[86] (Niemec, 2014)

esquecimentos frequentes, tarefas não terminadas, as quais culminam, ao final, em uma série de problemas de saúde físicos e mentais.

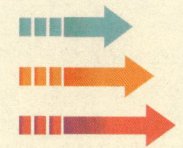

> As pessoas que praticam *mindfulness* têm sensações mais apuradas, e por isso sentem e percebem mais as coisas ao seu redor. Elas não se colocam em uma postura rígida quanto a si e quanto aos outros.

A correria do dia a dia faz com que as pessoas estejam a maior parte do tempo no "piloto automático", e isso faz com que elas percam de vista os sabores da vida, os detalhes do mundo ao redor e a alegria de alguns momentos especiais. Quantas vezes comemos sem saborear os alimentos, ou pior, nem nos atentamos à quantidade de comida que ingerimos, sobretudo se estivermos distraídos com a televisão ou com o celular.

Ao conversar com pessoas em casa, ou no trabalho, raramente estamos 100% presentes, pois, na maioria das vezes em que alguém tenta conversar conosco, nossa mente já está pensando na próxima coisa a fazer, ou, em vez de ouvir o outro atentamente, ficamos apenas pensando na próxima palavra a falar. Aliás, ouvir é algo cada vez mais raro, e não ter a fala interrompida pelos outros é mais raro ainda! As pessoas mal esperam terminarmos nossa linha de raciocínio e já nos interrompem. Essa impaciência e ansiedade crônica pode ser a causa de muitos conflitos e insatisfação nos relacionamentos familiares e nas amizades em geral.

Outro exemplo bastante comum: dificuldade de concentração. Isso ocorre em diversas situações, mas a mais clássica acontece durante os estudos e leitura. Aliás, você mesmo, enquanto lê essas linhas, quantas vezes não foi interrompido por algum barulho ou pensamento insistente, que fez com que você repetisse a leitura da mesma linha ou do mesmo parágrafo várias vezes? A mente humana é um verdadeiro radar ambulante. Pode processar por volta de sete itens ao mesmo tempo, entre sons, imagens, odores. Com isso, no total, o cérebro humano pode processar até 126 estímulos por segundo, o que significa, aproximadamente, meio milhão de pequenas informações por hora[87]. Isso é algo absurdamente rápido.

---

[87] (Csikszentmihalyi, 2008)

A sobrecarga mental é a grande responsável pela distração. Com isso, a pessoa deixa de prestar atenção em detalhes importantes tanto da vida como do trabalho que está fazendo, e de outras coisas ao seu redor, além de ter esquecimentos frequentes e perder oportunidades importantes, que muitas vezes passam despercebidas. Infelizmente, o ser humano tende a aumentar seu nível de consciência e atenção perante experiências mais extremas, quando se exige uma ação mais urgente, como a entrega de um trabalho a um cliente exigente, a realização de uma tarefa a ser entregue em um prazo curto, ou ainda, diante de tragédias como a morte de alguém próximo, doenças graves e outras situações que envolvem nosso instinto de sobrevivência.

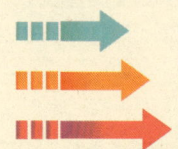

> A mente humana tende a "reciclar" pensamentos antigos, memórias do passado, experiências recentes da nossa rotina, acrescentando apenas um novo formato a esses pensamentos.

Além da agitação enorme dentro do nosso cérebro, o problema é que, a maioria dos nossos pensamentos são repetitivos e permanecem ativando a nossa memória de forma contínua até nos sobrecarregar. A mente humana tende a "reciclar" pensamentos antigos, memórias do passado, experiências recentes da nossa rotina, acrescentando apenas um novo formato a esses pensamentos e ligando-os ao passado e ao futuro. É isso que acontece quando pensamos assim: "E se eu tivesse falado outra palavra naquele momento, e tudo tivesse sido diferente?". Ou então: "Será que eu deveria ter dado outra chance?"

Esses são os famosos pensamentos ruminantes, aqueles que atormentam a mente das pessoas até deixá-las completamente esgotadas física e emocionalmente. É o famoso "e se...." ou "será que...", expressões que abrem um mundo de possibilidades na imaginação humana, levando embora a paz de espírito, a serenidade e o equilíbrio, elementos que nos ajudam a agir de forma mais inteligente. Por isso, praticar *mindfulness*, para muitos, é um verdadeiro desafio. A mente humana vagueia o tempo todo, muitas vezes comprometendo funções cognitivas importantes como a atenção, a concentração, a memória e outras funções ligadas ao aprendizado.

Estar com a mente sobrecarregada causa impactos não apenas no próprio cérebro, como no corpo e na saúde física em geral. O estresse gerado, traz prejuízos ao corpo, tanto a curto como a longo prazo. Isso prejudica a rotina no trabalho, em casa, e até mesmo nos momentos de lazer. É o que acontece, por exemplo, quando estamos decididos a viajar, mas, durante a viagem, a cabeça continua o tempo todo no trabalho, no *smartphone*, nos *e-mails*, no Facebook, mas, na viagem mesmo, nada.

É interessante também como a sobrecarga da nossa mente afeta outras situações corriqueiras do dia a dia. Quando penso, por exemplo, em emagrecimento e atividade física, fica ainda mais visível o impacto do estresse no corpo. Além das pessoas comerem mais (e pior) em momentos de estresse, elas vão, cada vez mais, perdendo o ânimo e a vontade de praticar atividades físicas. Costumo dizer que a preocupação e o excesso de pensamentos ruminantes são, para mim, um dos maiores obstáculos durante a prática de exercícios físicos. A sensação que tenho, nesses momentos de estresse, é que apesar de toda a energia do corpo ficar restrita à minha mente, gera-se um esgotamento físico que acaba reduzindo o fôlego até mesmo para os exercícios mais simples, como uma caminhada leve ou uma pedalada. É profundamente desestimulante praticar exercícios físicos com a mente ocupada, pois o estresse mental acaba sugando toda a nossa energia, gerando um cansaço que permanece até mesmo se passarmos o dia sem fazer absolutamente nada! Essa é a fadiga do pensamento, o cansaço mental.

Elementos Básicos do *Mindfulness*

A atenção focada é uma das bases principais do *mindfulness*. Manter a atenção na experiência que se está vivenciando no momento, em vez de ficar ruminando pensamentos ou ficar pensando na série de atividades que devem ser feitas no dia seguinte, é uma forma de buscar acalmar a mente.

As pessoas que praticam *mindfulness* possuem sensações mais apuradas, e por isso, sentem e percebem mais as coisas ao seu redor. Elas não se colocam em uma postura rígida quanto a si e quanto aos outros. Elas simplesmente são o que são, e se aceitam dessa forma. Sabem o que ingerir, como controlar o seu corpo e a mente. Elas sentem o que estão sentindo, sem ficar processando ou tentando entender; apenas sentem.

São pessoas que apreciam o momento, se integram – e se entregam, também. Quando estão em meio à natureza, sabem o momento certo de checar o celular, em vez de buscá-lo freneticamente, como muitos o fazem. Elas são mais criativas, pois possuem uma percepção mais aguçada e detalhada de tudo; são mais curiosas e abertas ao mundo. Transformam atividades diárias em momento de *mindfulness*; prestam atenção à respiração. Concentram-se em uma única tarefa de cada vez e, quando estão meditando, deixam a mente viajar naquele momento.

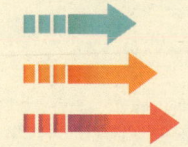

> *Mindfulness* não é a meditação em si, mas sim um estado mental, um estado de presença, um estado de abertura, *sem julgamentos* ou críticas. Exige *atenção e intencionalidade*.

A curiosidade, um dos elementos do *mindfulness*, e que também é nominado pelo termo "*mente de iniciante*", é uma forma de fazer com que a pessoa se coloque em uma posição de abertura, de exploração, a fim de não se deixar limitar apenas pelo pouco que ela conhece dentro da imensidão do desconhecido[88].

Mindfulness não é a meditação em si, mas sim um estado mental, um estado de presença, um estado de abertura, *sem julgamentos* ou críticas. Exige *atenção e intencionalidade* em realmente colocar o foco em si, no corpo e na mente. É uma prática exploratória, de curiosidade, buscando perceber nosso mundo interno e externo de forma mais apurada. Outro elemento importante do *mindfulness* é a *aceitação*, isto é, dar permissão a pensamentos, emoções e sentimentos, em vez de criar uma barreira e uma resistência a tudo isso, ou confrontar fatos e eventos que aconteceram. Aqui, o objetivo não é mudar os pensamentos, mas sim aprender a gerenciá-los de uma forma não crítica ou julgadora. Pensamentos ruminantes simplesmente atormentam a mente humana, afetam o estado emocional, tiram a paz e prejudicam a concentração, a produtividade, o raciocínio e a memória.

A proposta do *mindfulness* é fazer com que as pessoas assumam o controle dos seus pensamentos, ao invés de deixar que os pensamentos as controlem. É uma forma de aumentar o foco naquilo que se está fazendo ou pensando, a fim de se alcançar um estado de *serenidade, equilíbrio e curiosidade*, ao invés de ficar preso a críticas ou avaliações. Isso faz com que a pessoa pratique o hábito da *autorregulação* (ou autocontrole), e se torne cada vez mais presente naquilo que faz e sente, em vez de entrar no piloto automático.

---

[88] (Kabat-Zinn, 2017)

Benefícios do *Mindfulness*

Existem evidências comprovadas sobre os benefícios da meditação. Intervenções realizadas, com meditações de 90 minutos por semana, demonstraram um aumento significativo nas emoções positivas como serenidade, gratidão, esperança, admiração, amor, além de um aumento significativo na disposição, nas habilidades mentais (mais atenção no presente), habilidades psicológicas (autoaceitação e propósito de vida), habilidades sociais (relacionamentos mais profundos) e habilidades físicas (hábitos saudáveis)[89].

Diversas pesquisas revelaram benefícios do *mindfulness*, tanto na saúde física como psíquica, como por exemplo, aumento na criatividade e no carisma, redução do estresse e da ansiedade e contribuição no tratamento da dor e de doenças crônicas. A prática do *mindfulness* também mostrou efeitos positivos no tratamento da depressão, da compulsão alimentar, do abuso de substâncias e no tratamento de desordens mentais diversas. No aspecto psíquico, mais especificamente, alguns programas de *mindfulness* ajudaram pessoas a aumentarem o controle sobre seus pensamentos, mudar algumas crenças, melhorar a autoimagem e a autoestima, reduzir a tensão e ter respostas mais adaptativas diante de fatos que despertam o medo e a ansiedade[90].

Existem algumas razões pelas quais essa prática tem trazido tantos resultados. Uma delas é a própria exposição da pessoa aos pensamentos negativos, mas em uma posição em que ela fica apenas como uma observadora, em vez de julgar e confrontá-los. Isso, de certo modo, provoca algumas mudanças cognitivas na forma de pensar e aceitar os próprios pensamentos e sentimentos, levando a pessoa a uma postura mais suave e compassiva. O foco no autocuidado, no relaxamento físico e mental, assim como o simples fato de parar tudo que estamos fazendo (movimentos, pensamentos) para nos concentrarmos no mínimo possível, acaba sendo uma forma de acalmar a mente e o corpo, e aumentar a percepção de como estamos agindo no mundo.

E, por fim, a *aceitação*, a qual, particularmente considero a melhor parte, representa uma das ferramentas fundamentais do *mindfulness*. É um elemento que ajuda a reduzir a carga emocional e a facilitar o processo de enfrentamento das dificuldades da vida, com mais maturidade, paciência

---

[89] (Fredrickson B. L., 2009)
[90] (Niemec, 2014)

e sabedoria, ao contrário das ações praticadas de modo impulsivo e descontrolado, como acontece quando estamos sob o calor das emoções. A aceitação é um dos fatores-chave da resiliência, pois ajuda a lidar melhor com a frustração e a superar adversidades, facilitando o equilíbrio mental e o manejo do estresse.

Programas de *Mindfulness*

A grande maioria das práticas de *mindfulness* estão baseadas em temas como autoconsciência, experiência do momento presente, aceitação, observação dos pensamentos, emoções e sensações corporais.

Na verdade, a prática do *mindfulness* não está restrita apenas a programas tradicionais de treinamento, mas também a simples atitudes no dia a dia que qualquer pessoa pode fazer, independentemente de passar por uma preparação. Existem muitas concepções errôneas a respeito da meditação e do *mindfulness*. Na verdade, a meditação que tanto se difunde hoje, pode ser feita simplesmente por meio de uma respiração profunda, e tem como intuito, fazer com que a pessoa aumente seu estado de consciência e presença no "aqui-agora".

A ideia dos programas de *mindfulness,* é colocar a pessoa em um estado no qual ela não deva avaliar nada, nem analisar nada, mas apenas ficar com a mente aberta e relaxada. É uma prática direcionada para a respiração e para o corpo (*body scan*). As meditações têm vários tipos de focos, desde o foco na respiração até aqueles ligados a uma conexão mais espiritual. Para meditar do jeito correto, é preciso foco, uma atitude mais passiva e, se possível, uma posição confortável do corpo. Durante a meditação, a pessoa deixa vir o que vier e não reage a nada. Esse é o segredo. Dicas: é melhor fazer várias meditações, por um tempo curto, do que fazer uma vez só, por um longo período.

Práticas simples como caminhar, comer, conversar de forma mais atenta e focada no presente já são um bom início para despertar a nossa consciência. Embora a maioria das pesquisas ainda esteja mais ligada a algumas práticas tradicionais de meditação, o *mindfulness* não se restringe a isso, e talvez por essa razão, esse tema ainda seja mal compreendido por grande parte das pessoas, que acabam associando o "estar presente" com a imagem clássica da meditação oriental. Alguns programas de *mindfulness* potencializam ainda mais seus resultados, ao unir o estado de presença, com as forças de caráter, fazendo com que o indivíduo traga para si um universo ainda maior de possibilidades.

Já com relação à meditação propriamente dita, existe, na atualidade, uma grande variedade delas. Uma das mais conhecidas, a meditação *loving-kindness* (bondade-amorosa), que foi bastante abordada nos estudos de Barbara Fredrickson, é uma prática que estimula sentimentos como a compaixão, e a autocompaixão, a bondade, o amor incondicional e a empatia, associando técnicas de respiração e relaxamento. Essa atividade tem sido associada a uma série de benefícios físicos e emocionais, por isso, tem sido muito utilizada por profissionais de algumas áreas

O quadro a seguir mostra outros programas de *mindfulness* mais populares, apenas a título de exemplificação. A maioria deles possui a duração de oito semanas, com sessões semanais de 90 a 180 minutos cada, sendo que o foco varia conforme o programa utilizado.

PROGRAMA	CRIADOR	TEMAS TRABALHADOS	FOCO PRINCIPAL
Mindfulness-Based Stress Reduction (MBSR) – Programa *Mindfulness* de Redução do *Stress*	Jon Kabat-Zinn	Estado de presença, autoconsciência, paciência, desapego, não julgamento, aceitação, autorregulação emocional.	Ansiedade, depressão, compulsão alimentar, abuso de substâncias, estresse e dor resultante de doenças crônicas.
Mindfulness-Based Cognitive Therapy – Programa *Mindfulness* de Terapia Cognitivo-Comportamental	Zindel Segal; Mark Williams; John Teasdale	Aceitação, piloto automático, autocuidado, prevenção de recaídas, reconhecimento de pensamentos negativos, disfuncionais e ruminantes.	Relacionamentos, depressão. Pensamentos negativos.
Dialetic Behavior Therapy (DBT) – Terapia Dialética do Comportamento	Marsha Linehan	Aceitação, regulação emocional, tolerância ao estresse e habilidades interpessoais.	Traumas, comportamento autodestrutivo, personalidade borderline e suicidas.

PROGRAMA	CRIADOR	TEMAS TRABALHADOS	FOCO PRINCIPAL
Acceptance and Commitment Therapy (ACT) – Terapia da Aceitação e do Comprometimento	Steven Hayes, Kirk Strosahl; Kelly Wilson;	Aceitação; identificação de pensamentos; busca de valores e comprometimento com novos comportamentos e objetivos.	Depressão, ansiedade, dor crônica, estresse, abuso de substância, descontrole emocional e automultilação.
Minfulness-Based Relapse Prevention (MBRP) – Programa *Mindfulness* de Prevenção de Recaídas	Alan Marlatt	Aceitação; aumento da consciência; controle da ansiedade e de gatilhos externos e internos; caminhadas e *body scan*.	Abuso de substância, vícios.
Mindfulness-Based Eating Awareness Training (MB-EAT) – Programa *Mindfulness* de Treinamento da Consciência Alimentar	Jean Kristeller	Aumento da consciência no comer; automonitoramento da fome e da saciedade, consciência de gatilhos ambientais e emocionais da fome, aceitação, perdão e autocompaixão.	Compulsão alimentar.
Mindfulness-Based Relationship Enhancement (MBRE) – Programa mindfulness para melhora nos Relacionamentos	James & Kimberly Carson	Meditação do amor-bondade, yoga, consciência do outro, olhar nos olhos, estar presente.	Relacionamentos afetivos.

PROGRAMA	CRIADOR	TEMAS TRABALHADOS	FOCO PRINCIPAL
Compassion-Focused Therapy (CFT e CMT)- Terapia focada na Compaixão ou Treinamento da Mente Compassiva	Paul Gilbert	Estado de presença; amor-compaixão, autocompaixão; autorregulação emocional.	Pessoas autocríticas, com sentimento de culpa e vergonha; comportamento de risco, adolescentes, depressão.
Mindfulness Based approaches to Pain and Illness (MBPI) – Programa *Mindfulness* para Dor e Doença	Vidyamala Burch	Relaxamento, meditação, atenção consciente, práticas de compaixão, desenvolvimento de emoções positivas, movimentos de yoga e pilates.	Dor e doenças crônicas.

Capítulo 10

**E Como Ficam
as Emoções Negativas?**

Quando comecei a entrar no mundo da Psicologia Positiva, confesso que me sentia meio desconfiada, ao ver tantas coisas boas juntas. Sempre fui uma pessoa que, ao longo da vida, aprendeu a dar valor ao crescimento obtido por meio das adversidades, tanto é que, durante todos os anos da faculdade, o tema que mais me atraía era o da resiliência, que está diretamente ligado à superação de situações negativas.

Na verdade, a grande maioria das pessoas ainda não compreendeu o objetivo real da Psicologia Positiva, e por isso, alguns conceitos ainda são mal compreendidos. Em primeiro lugar, esse movimento não tem como objetivo negar o valor e a contribuição das emoções negativas, muito menos suprimi-las, mas sim utilizar e estimular o uso de artifícios que possibilitem ao ser humano sofrer menos e encurtar a duração dessas emoções, a fim de que ele se recupere de forma mais rápida, refazendo a sua vida. Outra missão da Psicologia Positiva é prevenir o sofrimento psíquico, fazendo com que a pessoa tenha menos motivos, e menor probabilidade de ficar presa a situações negativas.

Apesar da Psicologia Positiva estimular atividades e experiências positivas no dia a dia, a fim de equilibrar o nosso *"ph psicológico"*, seu foco principal não é somente na jornada, mas também nos resultados. Tendo isso em mente, as experiências negativas da vida, mesmo que dolorosas e difíceis, podem nos trazer resultados positivos extraordinários, o que contribui ainda mais para o quinto pilar do modelo PERMA, que é o pilar da realização. Conforme abordado antes, a realização é uma junção de todas as metas e objetivos que conseguimos alcançar por meio do esforço, da garra, da persistência, elementos esses que contribuem para o enfrentamento dos obstáculos que surgem quando nos propomos a buscar algo importante.

Até mesmo para atingir um estado de *flow*, como já explicamos antes, é preciso que haja uma certa dose de desafio, ou seja, uma certa dificuldade, algo que torne a experiência mais emocionante e envolvente, a fim de que a pessoa sinta o sabor da curiosidade e da vitória. A **realização pessoal** nada mais é do que uma sensação de vitória que temos de tudo o que fizemos ao longo do dia, do ano ou da vida. E assim como acontece no jogo, para aprender a ganhar, primeiro é preciso perder, pois o erro e o fracasso levam o ser humano ao aprendizado. A prática constante leva à habilidade. O esforço leva à garra. Logo, as emoções negativas também conduzem as pessoas às emoções positivas.

É interessante que, nos últimos anos, surgiram alguns trabalhos de autores, que inclusive fazem parte do movimento da Psicologia Positiva, questionando o papel e a importância das emoções negativas no ser humano. A conclusão a que eles chegaram é que, na verdade, não existe uma emoção mais importante do que a outra. Todas as emoções são importantes para o nosso crescimento e desenvolvimento, e o ideal, é que a ciência possa estudá-las de forma integral, sem eliminar uma em detrimento da outra. Todas as emoções, inclusive aquelas que nos fazem sofrer, são úteis, e nos ajudam a fazer um balanço entre emoções positivas e negativas, de forma leve e equilibrada, proporcionando mais estabilidade[91].

A culpa, por exemplo, é um freio que nos ajuda a saber quando estamos nos excedendo com relação a algo ou alguém. O mesmo acontece com a tristeza, a raiva, a vergonha ou o medo. Se não fosse a raiva, estaríamos mais vulneráveis quando alguma pessoa tentasse nos agredir. Se não fosse o medo, morreríamos facilmente diante do ataque de um animal. Todos as emoções negativas são mecanismos de proteção, que, ao longo do tempo, nos dão mais força e maturidade.

Cada emoção tem o seu papel, e isso não é negado por nenhuma abordagem psicológica. No caso das emoções negativas, elas são nosso principal sistema de alarme e segurança pessoal. O problema é que, justamente por estarem envolvidas com a proteção e sobrevivência, essas emoções, em longo prazo, sugam toda a nossa energia e, ao invés de ajudar, passam a prejudicar a nossa vida, nos paralisando, nos isolando do mundo e das pessoas, e gerando prejuízos para o nosso corpo, fisiologicamente falando.

A Psicologia Positiva investiga experiências humanas dolorosas, ao mesmo tempo em que aceita o fato de que, o desafio e o desconforto, criam no ser humano a possibilidade de cura, de crescimento, de mudanças e de grandes transformações. Existe uma tensão natural entre o positivo e o negativo. Os significados que estabelecemos, por exemplo, muitas vezes podem ser contrários aos objetivos que queremos atingir ou à situação que estamos vivenciando, precisando ser revistos.

As experiências traumáticas da vida, como o ressentimento, a mágoa e a dor, podem transformar completamente a pessoa, e fazer com que ela não apenas saia da situação negativa para o estado normal, como ainda

---

[91] (Kashdan, 2016)

passe para uma situação ainda melhor do que aquela anterior ao problema. É o que a literatura chama de crescimento pós-traumático.

Assim, se uma pessoa, por exemplo, perdeu, de forma repentina e trágica, sua casa e todos os seus pertences em um terremoto, e precisa então recomeçar a vida do zero novamente. Acontece que, após alguns anos, a pessoa não apenas consegue reconstruir a sua vida, como ainda consegue um emprego estável em uma empresa multinacional, além de benefícios e incentivos financeiros a ponto de passar a ter uma condição de vida bem melhor do que a anterior. Isso não é mera "sorte", por mais que haja muita solidariedade em situações de tragédia. Certamente a pessoa reuniu forças extras que possibilitaram que ela lutasse por um futuro melhor.

O luto também é uma experiência negativa difícil, mas que pode trazer algo positivo em longo prazo, fazendo com que as pessoas valorizem mais a vida, a saúde, e vejam mais sentido em cada momento que estão vivas[92]. No entanto, é importante enfatizar que nem todas as pessoas são "ensinadas" a superar dificuldades. Nem todas aprendem a lidar, de forma saudável e forte, com os obstáculos da vida. Algumas passam anos se arrastando, sem conseguir sair da situação, e isso leva a uma série de transtornos futuros.

Como disse anteriormente, se não tivesse a oportunidade de conhecer a fundo a Psicologia Positiva, de repente, hoje, estivesse fazendo críticas a essa teoria, até porque, como disse antes, eu sempre tive um respeito muito grande pelas emoções negativas. Não que eu seja alguém pessimista, mas sim porque, no meu ponto de vista, essas emoções nos ajudam a reagir, a buscar algo melhor, a nos esforçar mais e dar o nosso máximo. O medo nos ajuda a ter cautela ao invés de agir por impulso, a inveja, que é tão condenada pelo ser humano, nos incentiva a melhorar e a nos aprimorar, e, o erro, nos ajuda a aprender algo novo.

Sempre acreditei que eram justamente as adversidades que faziam o ser humano se levantar diante da vida e resgatar seu espírito de luta, enquanto a felicidade, associada à facilidade, acabava tornando o homem um ser fraco e despreparado para o pior. Ainda acredito nisso. No entanto, após ter tido a oportunidade de compreender a Psicologia Positiva de forma mais abrangente, e vivenciá-la em minha vida pessoal e profissional, observei que existem, sim, muitos recursos especiais a serem oferecidos por ela, os quais podem contribuir imensamente para a vida das pessoas.

---

[92] (Ivtzan, Lomas, Hefferon, & Worth, 2016)

O fato de ter seguido uma linha, dentro do Mestrado na área de Psicologia da Saúde e Saúde Mental, fez com que eu buscasse algo diferente do tradicional para contribuir com a ciência psicológica. Algo que não fosse mais uma teoria pessimista e determinista que condenasse o ser humano ao destino, mas que, ao contrário, oferecesse recursos fortes e realistas que o ajudassem a se apoiar diante da dificuldade. A Psicologia Positiva vem fazendo isso com maestria, pesquisando um lado pouco explorado da potencialidade humana, contrariando grandes teorias da Psicologia, e desafiando formas obsoletas de compreender o ser humano.

Para finalizar, acredito que o melhor argumento para reforçar a importância da Psicologia Positiva é pensar que, quando uma empresa, uma escola, ou mesmo uma pessoa busca a ajuda de um profissional da área, geralmente é porque algo não está indo bem ou não está satisfatório, e o que eles esperam é que o profissional possa trazer novas soluções que possibilitem resultados melhores, mais positivos. Se as pessoas nos procuram, é porque já existe algo negativo, algo que não está legal. Logo, o óbvio é que possamos oferecer o oposto da queixa, isto é, estratégias que ajudem a estimular emoções mais positivas, que tornem os relacionamentos mais positivos, para que os ambientes se tornem mais positivos, e, ao final, para resultados positivos sejam alcançados.

O que quero dizer é que, naturalmente, as pessoas nos procuram justamente porque estão passando por momentos ruins, ou então, porque querem tornar suas vidas melhores. Assim, não há sentido em continuar focando nas experiências negativas, se muitos já possuem isso em quantidade suficiente em suas vidas. As pessoas já sabem muito bem "o que" as deixa mal, e "como" elas ficam tristes; agora, o que falta na ciência, é ensinar "o que" as faz bem, e "como" elas podem ser mais felizes.

Se a missão da Psicologia, como um todo, é compreender o ser humano e oferecer soluções para que ele tenha um equilíbrio mental e emocional, nada mais justo do que trazer aquilo que pode torná-lo melhor a cada dia, a fim de que se ampliem, cada vez mais, suas perspectivas em relação ao que ele pode contribuir para a sociedade e para o mundo ao seu redor. Nossa missão é ajudar pessoas a transformarem o negativo em positivo; e sobretudo, transformar aquilo que já era positivo em múltiplas positividades (e possibilidades)! É isso que possibilita o florescimento humano.

Referências Bibliográficas

Achor, S. (2012). *O jeito Harvard de ser feliz: o curso mais concorrido de uma das melhores universidades do mundo.* São Paulo: Saraiva.

Biwas-Diener, R., & Dean, B. (2007). *Positive Psychology Coaching: putting the science of happiness to work for your clients.* New Jersey, USA: Wiley.

Buckingham, M. (2008). *Empenhe-se! Ponha seus pontos fortes para trabalhar: 6 passos decisivos para alcançar máxima performance.* Rio de Janeiro: Elseveir.

Buckingham, M. (2013). *Desenvolva sua verdadeira vocação.* Rio de Janeiro: Sextante.

Cameron, K. S. (2012). *Positive leadership: strategies for extraordinary performance.* Oackland: Berret-Koehler.

Cameron, K. S. (2013). *Practising positive leadership: tools and techniques that create extraordinary results.* San Francisco: Berrett-Koehler.

Carter, T., & Gilovich, T. (2010). *The relative relativity of experiential and material purchases.* JPSP, pp. 146-159.

Costa, C., & Garattoni, B. (22 de Jul de 2011). *Amizade: É impossível ser feliz sozinho.* Fonte: Super Interessante: https://super.abril.com.br/comportamento/por-que-fazemos-amigos/

Csikszentmihalyi, M. (2008). *Flow: the psychology of optimal experience.* New York: Harper Perennial Modern Classics.

Diener, E., & Diener., R.-B. (2008). *Happiness: Unlocking the Mysteries of Psychological Wealth.* USA: Blackwell: Oxford.

Dolan, P. (2015). *Felicidade construída: como encontrar prazer e propósito no dia a dia.* Rio de Janeiro: Objetiva.

Duckworth, A. (2016). *Garra: o poder da força e da perseverança.* Rio de Janeiro: Intrínseca.

Dweck, C. S. (2017). *Mindset: a nova psicologia do sucesso.* São Paulo: Objetiva.

Eades, J. M., Proctor, C., & Ashley, M. (2014). Happiness in the classroom. Em S. A. David, I. Boniwell, & A. Conley Ayers, *The Oxford Handbook of Happiness.* Oxford University Press.

Frankl, V. E. (1963). *Man's search for meaning: an introduction to logotherapy.* New York: Washington Square Press.

Fredrickson, B. L. (2009). *Positividade: descubra a força das emoções positivas, supere a negatividade e viva plenamente.* Rio de Janeiro: Rocco.

Fredrickson, B. L. (2015). *Amor 2.0.* São Paulo: Companhia Nacional.

Fredrickson, B. L., & Losada, M. F. (Outubro de 2005). Positive Affect and the Complex Dynamics of Human Flourishing. *Am. Psychol.,* pp. 678-686.

Gillham, J. E., & al., e. (2014). Resilience Education. Em S. A. David, I. Boniwell, & A. Conley Ayers, *The Oxford Handbook of Happiness.* New York: Oxford University Press.

Gottman, J. M., & Levenson, R. W. (1999). What predicts change in marital interaction over time? A study of alternative models. *Family Processes Journal,* pp. 146-158.

Hanson, R. (2015). *O cérebro e a felicidade.* São Paulo: Martins Fontes.

Ivtzan, I., Lomas, T., Hefferon, K., & Worth, P. (2016). *Second wave positive psychology: embracing the dark side of life.* New York: Routledge.

Johnson, K. J., & Fredrickson, B. L. (2005). Positive emotions eliminate the own race bias in face perception. *Psychological Science, 16,* pp. 875-81.

Kabat-Zinn, J. (2017). *Atenção plena para iniciantes.* Rio de Janeiro: Sextante.

Kashdan, T. B. (2016). *A força boa do lado obscuro: o aspecto positivo das emoções negativas.* Rio de Janeiro: Bicicleta Amarela.

Lakey, B. (2014). Perceived Social Support and Happiness. Em S. A. David, I. Boniwell, & A. Conley Ayers, *The Oxford Handbook of Happiness.* New York: Oxford University Press.

Linley, A. (2008). *Average to A+: Realizing strengths in yourself and others*. Coventry: Capp Press.

Linley, A. P., & al., e. (2011). Positive Psychology Applications. Em S. J. Lopez, & C. R. Snyder, *The Oxford Handbook of Positive Psychology*. New York: Oxford University Press.

Lopez, S. J. (2009). *The Encyclopedia of Positive Psychology*. USA: Wiley-Blackwell.

Luhmann, M. e. (2012). Subjective well-being and adaptation to life events: a meta-analysis. *JPSP*, pp. 592-615.

Lyubomirsky, S. (2013). *Os mitos da felicidade: o que deveria fazer você feliz, mas não faz; o que não deveria fazer você feliz, mas faz*. Rio de Janeiro: Odisseia.

Lyubomirsky, S., King, L., & Diener, E. (2005). The Benefits of Frequent Positive Affect: Does Happiness Lead to Sucess? *Psychological Bulletin, 131*, 803-855.

McInerney, L. (2014). Applying happiness and well-being research to the teaching and learning process. Em S. A. David, I. Boniwell, & A. Conley Ayers, *The Oxford Handbook of Happiness*. New York: Oxford University Press.

Michael Hall, L. (2012). *Liberte-se! Estratégias para a autorrealização*. Rio de Janeiro: Qualitymark.

Niemec, R. M. (2014). *Mindfulness and Character Strengths: a practical guide to flourishing*. Cincinnati: Hogrefe.

Noble, T., & Mc Grath, H. (2014). Well-being and resilience in education. Em S. A. David, I. Boniwell, & A. C. Ayers, *The Oxford Handbook of Happiness*. Oxford University Press.

Norrish, J. (2015). *Positive Education: the Geelong Grammar School Journey*. New York: Oxford University Press.

Peterson, C., & Seligman, M. (2004). *Character Strengths and virtues: a handbook and classification*. New York: Oxford University Press.

Polly, S., & Britton, K. (2015). *Character Strengths Matter*. USA: Positive Psychology News.

Proctor, C., & Eades, J. F. (2016). *Strengths gym*. Guernsey: Positive Psychology Research Center.

Rath, T. (2007). *StrengthsFinder 2.0*. New York: Gallup Press.

Rath, T. (2015). *Are you fully charged? The 3 keys to energizing your work and life*. USA: Silicon Guild.

Seligman, M. E. (2002). *Felicidade Autêntica*. Rio de Janeiro: Objetiva.

Seligman, M. E. (2011). *Florescer: uma nova commpreensão sobre a natureza da felidcidade e do bem-estar*. Rio de Janeiro: Objetiva.

Shahar, T.-B. (2016). *Aprenda a ser feliz: o curso de felicidade de Harvard. Tradução do livro "Happier"*. Portugal: Lua de Papel.

Snyder, C. R., & Lopez, S. J. (2009). *Psicologia Positiva: uma abordagem científica e prática das qualidades humanas*. Porto Alegre: Artmed.

Vaillant, G. E. (August de 2008). *A fresh take on meaning*. Fonte: http://positivepsychologynews.com/news/george-vaillant/20080813939

Wrzesniewski, A. e. (1997). Jobs, Careers, and Callings: people's relations to their work. *Journal of Research in Personality, 31*, 21-33.

Wrzesniewski, A., & Dutton, J. E. (2001). "Crafting a job: refivionsing employees as active crafters of their work". *Academy of Management Review vol. 26*, 179-201.

Zak, P. J. (2012). *A molécula da moralidade: as surpreendentes descobertas sobre a substância que desperta o melhor em nós*. Rio de Janeiro: Elsevier.

VISITE NOSSO ENDEREÇO ELETRÔNICO E MÍDIAS SOCIAIS, PARA TER ACESSO A MAIS CONTEÚDOS!

PSICO TRAINER

CENTRO INTEGRADO DE PSICOLOGIA POSITIVA, COACHING E INTELIGÊNCIA EMOCIONAL

- **SITE:** WWW.PSICOTRAINER.COM.BR
- **FACEBOOOK:** @psicotraineroficial
- **INSTAGRAM:** psicotrainerpsicologiapositiva
- **EMAIL:** psicotrainer@hotmail.com
- **LINKEDIN:** linkedin.com/in/sálua-omais

QUALITYMARK EDITORA

Entre em sintonia com o Mundo

Qualitymark Editora Ltda.

Rua José Augusto Rodrigues, 64 – sl. 101
Polo Cine e Vídeo – Jacarepaguá
22275-047 – Rio de Janeiro – RJ
Tels.: (21) 3597-9055 / 3597-9056
Vendas: (21) 3296-7649

E-mail: quality@qualitymark.com.br
www.qualitymark.com.br

Dados Técnicos:

• Formato:	16 x 23 cm
• Mancha:	12 x 19 cm
• Fonte:	Sabon LT Std
• Corpo:	11
• Entrelinha:	13
• Total de Páginas:	176
• 1ª Edição:	2018